Littératures africaines francophones des années 1980 et 1990

Lydie Moudileno

Document de travail

N° 2, 2003

CODESRIA

Littératures africaines francophones des années 1980 et 1990

© Conseil pour le développement de la recherche
en sciences sociales en Afrique (CODESRIA), 2003
Avenue Cheikh Anta Diop angle Canal IV, BP: 3304, Dakar, Sénégal

Imprimé au CODESRIA
Composition: Sériane Camara Ajavon

Document de travail
ISBN: 2-86978-120-2

CODESRIA exprime sa gratitude à l'Agence suédoise pour la coopération en matière de recherche avec les pays en voie de développement (SIDA/SAREC), au Centre de recherche pour le développement international (CRDI), à la Fondation Ford, à la Fondation Mac Arthur, Carnegie Corporation, au ministère des affaires étrangères de Norvège, à l'Agence danoise pour le développement international (DANIDA), au ministère français de la coopération, au Programme des Nations-unies pour le développement (PNUD), au ministère néerlandais des Affaires étrangères, FINIDA, NORAD, CIDA, IIEP/ADEA, OECD, IFS, Oxfam America, UN/UNICEF et au gouvernement du Sénégal pour leur soutien généreux à ses programmes de recherche, de formation et de publication

Table des matières

L'auteur i
Introduction 1
Les foyers d'édition 8
    Le foyer africain 8
    Le foyer français 10
    Ghetto ou pas ghetto? 12
Les auteurs 15
    La canonisation des écrivains des années 1960-70 16
    Les auteurs «issus de l'immigration» 20
    La voix des femmes 25
    L'émergence de corpus nationaux 30
    Qu'est-ce qu'un écrivain africain? 34
Mutations et réécritures 36
    Le rapport à l'Histoire 38
    Le rapport à l'espace 47
    Le rapport au corps 54
    Le rapport à la langue 62
La littérature populaire écrite 67
    Le roman policier 71
    Le roman sentimental 74
    La littérature enfantine 77
Conclusion 80

Introduction

Si l'Afrique est riche de toute une production orale vieille de plusieurs millénaires, l'apparition d'une littérature écrite en Français par des Africains est un phénomène du vingtième siècle. Bien que la première moitié du siècle ait vu la parution sporadique des premiers romans et autobiographies provenant d'auteurs de l'Afrique de l'Ouest, c'est seulement après la deuxième guerre mondiale que la littérature dite «négro-africaine» se constitue en discipline littéraire. Ceci à la faveur de plusieurs facteurs convergents. D'abord, l'apparition, autour des années quarante, d'une génération d'intellectuels issus des colonies francophones, qui se retrouvent dans un contexte panafricain autour du mouvement de la Négritude lancé par les Antillais Aimé Césaire et Léon Damas, et le Sénégalais Léopold Sédar Senghor. Ensuite, le rôle crucial des revues culturelles comme *Présence Africaine*, fondée par Alioune Diop en 1947, qui offre aux intellectuels du monde noir, toutes origines confondues, une plate-forme de rencontre et de revendication culturelles qui fut déterminante dans la reconnaissance des voix des colonisés en France, assurée qu'elle fut par ailleurs de la tutelle d'intellectuels français comme Michel Leiris ou Jean-Paul Sartre. Finalement, la publication des anthologies éditées par Léon Damas (1947) et Senghor (1948), ainsi que la parution des *Contes d'Amadou Koumba*, de Birago Diop (1947) à quelques années de distance contribua, à donner à la fin de la Seconde Guerre mondiale une visibilité accrue aux expressions littéraires francophones de l'Afrique.

À la faveur de nombreux ouvrages et thèses d'État entrepris dans les décennies qui suivirent—dont les études de Lilyan Kesteloot et de Mohamadou Kane, Jahn Janheinz, Albert Gérard, Roger Chemain, Jacques Chevrier, une discipline littéraire s'affirme dans les universités entre les années soixante et soixante-dix. Avant d'acquérir la relative autonomie qu'on lui connaît aujourd'hui, les textes et les auteurs s'inscrivaient dans le vaste ensemble de la littérature «négro-africaine d'expression française», qui incluait sous une bannière commune toute la production des sujets des colonies françaises: Martinique, Guadeloupe, Haïti, Afrique de l'Ouest et du Centre, Maghreb, Réunion, Madagascar. Au fur et à mesure que se sont affirmées, après la période panafricaine, les particularités culturelles, économiques et politiques de chacune de ces aires, trois aires distinctes de la francophonie se sont constituées: la littérature antillaise, la littérature du Maghreb, et la littérature africaine sub-saharienne. C'est de cette littérature africaine sub-saharienne que traitera le présent travail.

La littérature africaine écrite en Français est donc, par rapport aux autres traditions, une littérature jeune. En moins d'un siècle cependant, son évolution a été rapide. Les historiographes s'accordent à reconnaître entre 1920 et 1980 quatre grandes périodes:

A) La période des «pionniers», ou premiers auteurs africains à prendre la parole à l'écrit en Français.

B) La période dite de la «flambée de la Négritude» (Chevrier) qui impose les premières grandes figures comme celles de Senghor et Birago Diop et s'inscrit dans le contexte des grandes revendications culturelles panafricaines entre 1930 et 1940, et dont le genre dominant sera la poésie.

C) L'essor massif du roman, historique, réaliste, militant ou d'apprentissage entre les années 50 et 60 dont l'une des préoccupations majeures est la colonisation et la négociation entre tradition et modernité (M. Kane). Aux auteurs de l'Afrique de l'Ouest (Camara Laye, Cheikh Hamidou Kane, Abdoulaye Sadji, Bernard Dadié, Sembène Ousmane) s'ajoutent durant cette période les premiers grands noms de l'Afrique centrale (les Camerounais Ferdinand Oyono, Mongo Beti).

D) Les romans de la période après les Indépendances, souvent baptisés «romans de la désillusion», traitent de sujets en général inspirés par les mutations entraînées par la décolonisation et la dénonciation des pouvoirs mis en place dans les nouvelles nations après les Indépendances. Le grand classique de cette période est *Les soleils des Indépendances* d'Ahmadou Kourouma en 1968.

E) À partir de 1970, l'inspiration semble tarir pour ne reprendre avec force qu'au début des années quatre-vingt, période pendant laquelle les abus de la dictature dans de nombreux pays suscitent un nouvel engagement des écrivains sur la voie d'une autre forme de dénonciation, celle du pouvoir autocratique. Dans l'ensemble, la critique elle aussi semble s'être arrêtée après la grande période du roman des Indépendances, et peu d'ouvrages, aujourd'hui encore, rendent compte de manière globale de l'évolution de la production après 1970.

L'étude de Sewanou Dabla publiée en 1986 est une des deux seules études importantes dont le recensement dépasse les années quatre-vingt. Dabla retraçait dans son ouvrage les ruptures, les récurrences et les innovations dans un corpus de onze romans publiés entre 1968 et 1983 par des auteurs de diverses nationalités, tels William Sassine, Sony Labou Tansi, Valentin Mudimbe, Jean-Marie Adiaffi, Henri Lopes, Yambo Ouologuem ou Amadou Kourouma. Bien que l'étude constitue une source féconde où peuvent être repérées les tendances qui se font jour au milieu des années quatre-vingt, elle date maintenant d'une quinzaine d'années, et ne rend pas compte des développements importants et des nouvelles écritures (dont la littérature populaire, la littérature des émigrés et la littérature féminine) qui ont émergé depuis.

L'autre étude plus récente, est celle de G.M. Ngal, *Création et rupture en littérature africaine*, publiée en 1994, où l'auteur relève un certain nombre de tournants épistémologiques depuis la Négritude. Bien que l'année 1980 y soit reconnu comme cinquième et dernier «tournant qui amplifie la dernière coupure épistémologique», après celles: 1) de la Négritude; 2) du roman contestataire; 3) de la mutation des nations nègres; et 4) de la conscience de l'échec des Indépendances, la spécificité de la production des années quatre-vingt n'y est que superficiellement prise en compte. Seuls deux textes datés de 1985 et 1986 y sont mentionnés. L'analyse s'en tient finalement à une distinction sommaire entre «l'identité narrative avant 1960 et l'identité narrative après 1960».

Or, tout un corpus ultérieur à 1980 mérite aujourd'hui qu'on s'y attarde. La production des années quatre-vingt-dix est virtuellement absente des ouvrages critiques, y compris des monographies. La seule analyse à ce jour dont le corpus s'étale entre 1980 et 1995 est celle de Odile Cazenave, *Femmes Rebelles. Naissance d'une nouvelle génération de romancières africaines*, mais celle-ci se focalise sur l'écriture féminine et le genre romanesque. À la fin du vingtième siècle, il est temps de se pencher sur la production extrêmement féconde de ces vingt dernières années, quoique encore trop «fraîche» pour avoir donné lieu à des études de fond ou tentatives de recensement global. Faisant suite au travail élaboré par Sewanou Dabla en 1986, treize ans plus tard, mon propos sera donc d'approcher ce qu'il faudrait appeler selon le découpage précédent, sinon une nouvelle génération, en tous cas une troisième grande période de la littérature africaine.

Dabla (1986:17) annonçait dans sa conclusion: «Il y a lieu de reconnaître au roman francophone un second souffle qui s'exprime par un foisonnement sans précédent et l'inauguration de voies nouvelles». Qu'en est-il aujourd'hui de cette «plénitude» annoncée et des voies nouvelles dessinées entre 1968 et 1983? Qu'elles soient thématiques (critique de la Négritude, dénonciation de la dictature, féminisme) ou formelles (intertextualité, réalisme magique, recours à l'oralité), les «voies nouvelles» annoncées il y a quinze ans ont continué de creuser le paysage littéraire et à s'affirmer dans leur individualité. Le canon du roman africain ne se limite plus à *L'enfant noir*, *L'aventure ambiguë*, ou *Une vie de boy*. Si ce canon s'est consolidé au fil des ans, d'autres noms et d'autres textes sont apparus au-devant des scènes littéraires africaines et européennes, dont certains sont incontournables. D'autres lectures de la fiction africaine sont aussi proposées par des auteurs dont les écrits désavouent le renvoi systématique à un «en-dehors» du texte.

Aujourd'hui, la quantité de textes publiés ne permet plus de juger la littérature africaine à l'aune de l'autobiographie du sujet colonial aliéné ou de la prise de parole militante. Les années quatre-vingt ont effectivement apporté une plénitude qui se jauge surtout en termes de diversité et de créativité, et dont l'engagement fondamental n'en est pas moins présent. Cette diversité devient d'ailleurs problématique pour les chercheurs. Ceux-ci se trouvent de plus en plus souvent dans la difficile situation de devoir d'une part œuvrer à l'intérieur d'une discipline désormais consacrée, et de l'autre, de reconnaître dans cet ensemble arbitraire la richesse des imaginaires particuliers et l'autonomie créatrice des écrivains. Il s'agit là d'un paradoxe dont il est difficile de se défaire, et dont souffre d'ailleurs le présent travail: comment affirmer le singulier, la singularité de tel ou tel écrivain, sans passer par la discipline dans laquelle le consensus académique l'enferme tout en lui assurant également visibilité et légitimité? Cette question ne se limite pas aux critiques universitaires. Elle se pose dans toute son ampleur aussi aux journalistes, directeurs de collections, et aux écrivains eux-mêmes désireux à la fois de bénéficier de plates-formes d'expression et de sortir les textes d'une marginalité toujours menaçante.

C'est surtout sur la diversité de ce corpus qu'il faut insister: diversité des lieux de publications qui s'accompagne parfois d'écarts immenses entre, par exemple, la petite maison d'édition lancée à peu de frais par un écrivain en Afrique et les grandes maisons françaises disposant de capitaux énormes pour la diffusion de leurs produits. Diversité des pays représentés, de l'Afrique de l'Ouest où le Sénégal et la Côte d'Ivoire figurent en bonne place à l'Afrique centrale bien représentée par une production congolaise toujours vivace, par exemple, à Djibouti dont le premier grand auteur apparaît sur la scène française en 1998. Diversité aussi des profils privés et socioprofessionnels des auteurs, entre ceux qui ont vécu la transition de plusieurs régimes politiques et les plus jeunes, nés avec les Indépendances, entre ceux qui vivent en Afrique et ceux qui se sont exilés; entre les diplomates, les femmes aux foyers, les enseignants et les ouvriers. Diversité, évidemment, des origines nationales, des contextes culturels, religieux, linguistiques. Et pour finir, diversité des choix d'écritures qui donne lieu à une infinité de combinaisons formelles dans les trois grands genres littéraires que sont le roman, la poésie et le théâtre.

Quelques remarques quant aux choix méthodologiques s'imposent. D'abord, il faut reconnaître l'abus de langage par lequel le terme «littérature africaine francophone» exclut la production du Maghreb, bien que les trois pays qui le composent, le Maroc, la Tunisie et l'Algérie soient situés sur le continent africain. Quoi que discutable, la séparation se justifie par un critère de distinction crucial, à savoir, l'existence au Maghreb d'une tradition et aujourd'hui de corpus significatifs de littératures nationales écrites en Arabe. Dans le cas des pays qui nous concernent ici, si des efforts sont faits pour rendre compte d'une production écrite en langues nationales, la littérature écrite l'est avant tout en Français, ce qui place l'émergence d'une civilisation du Livre dans une relation avec l'Histoire coloniale beaucoup plus étroite que celle des pays du Maghreb, dont la culture se fondait sur l'écriture et le livre bien avant l'arrivée des premiers colons européens. Une sorte de consensus—certes discutable—s'est ainsi formé, par lequel la production des pays francophones du Sud du Sahara n'est que rarement assimilée (dans les anthologies notamment) à celle de ses voisins du Nord.

La deuxième constatation est: la marginalisation des îles. Ce travail tente de rendre compte des diverses mutations qui ont affecté ces vingt dernières années la littérature africaine de la manière la plus exhaustive possible. Cependant, étant donné qu'il est impossible de recenser ce qui reviendrait à des milliers de romans, poèmes et pièces de théâtre, il se base en grande partie sur les travaux préliminaires des critiques. L'absence de documents quant à la récente production de la Réunion ou de Madagascar ne fait donc qu'accentuer la marginalisation, dans cette étude, d'aires culturelles qui devraient figurer au tableau africain. Nous en sommes conscients et renvoyons aux chercheurs des générations futures la tâche de rendre justice à des textes et auteurs négligés ici comme ailleurs.

Dans son ensemble, cet exposé ne suivra pas la trace des «panoramas» de la littérature tels qu'ils sont pratiqués par les universitaires dans les travaux d'anthologie ou de présentation générale des corpus. On n'y trouvera pas, par exemple, le classique découpage dans les trois genres majeurs que sont le roman, la poésie et le théâtre. Dans la mesure où il s'agit surtout de donner aux lecteurs une vision globale de l'évolution des problématiques et des tendances contemporaines de l'écriture, le découpage en genres aurait donné lieu à des présentations forcément redondantes des innovations, surtout thématiques.

En revanche, il nous a semblé plus pertinent de pratiquer une sorte de «coupe franche» à travers les genres, en articulant notre propos autour de quatre grands axes de réflexion: l'évolution des circuits de production de cette littérature; les auteurs, ou producteurs des textes contemporains; les mutations thématiques et formelles les plus notoires; l'apparition de nouveaux genres depuis 1980. Ces axes constituent les quatre sections de ce court document de travail, qui entend donner aux chercheurs les moyens de réfléchir autrement sur la littérature africaine:

F) En brisant la méthodologie classique des présentations littéraires qui pêchent souvent par excès de résumé de textes et interprétations anthropologisantes. Certes, les textes parus entre 1980 et 1999 sont issus, chacun à sa manière, de l'Afrique contemporaine. Mais notre but n'est pas de souligner systématiquement, comme en miroir, les rapports entre le réel et la fiction; au contraire, de rendre plutôt justice aux textes en tant que fictions participant nécessairement du réel africain contemporain, quel que soit le degré de réalisme que l'on y affecte.

G) En inscrivant la production des années quatre-vingt dans un mouvement duel de continuités et de ruptures par rapport aux décennies précédentes. La date arbitraire de 1980 qui ouvre la période concernée a été retenue pour des besoins méthodologiques, tout en gardant à l'esprit que les changements, mutations et innovations constatés ne s'opèrent pas d'une année à l'autre, simplement parce que l'on change de décennie ou que l'on appartient à une génération différente. Il ne s'agit pas de proclamer ici l'avènement d'une nouvelle génération: beaucoup d'auteurs cités chevauchent plusieurs générations, au sens chronologique du terme, et certains auteurs qui n'ont pas innové, à notre avis, dans leurs thèmes ou dans l'écriture ne sont pas mentionnés dans cette étude. Le recours à la notion de «réécriture» nous a paru le plus opératoire afin de mettre en relief la continuité de quelques-unes des grandes préoccupations de la littérature africaine depuis ses débuts. Elle permet de souligner de manière simultanée les récurrences thématiques, voire les obsessions des écrivains, tout en repérant les divers modes de renouvellement qui portent la marque de transformations caractéristiques des années quatre-vingt et après.

· En proposant des pistes de recherche plutôt que de forcer sur les textes des affirmations monolithiques et lapidaires, certes satisfaisantes pour ceux qui voudraient en des dizaines de pages pouvoir placer tel ou tel texte, tel ou tel auteur dans des catégories, mais qui semblent stériles pour qui cherche à identifier des nœuds critiques nécessitant l'attention d'études plus poussées. Dans l'esprit intellectuel et didactique des autres livres de cette série, celui-ci entend poser à la littérature africaine francophone des questions pertinentes sur ses propres orientations, paradoxes et apories.

Les foyers d'édition

Il existe aujourd'hui une diversité de structures éditoriales assurant la diffusion de la littérature africaine dans le monde francophone, ce qui n'était pas le cas il y a vingt ou trente ans. Les deux phénomènes les plus notoires ces dernières décennies sont d'une part la création de maisons d'édition sur le continent africain, et de l'autre, la mise en place de nouvelles politiques éditoriales des maisons françaises quant à la promotion de la littérature africaine. Si la France—Paris—conserve aujourd'hui le statut de métropole post-coloniale de l'édition francophone, les années 80-90 ont transformé de manière notoire les conditions et les possibilités de publication pour l'écrivain d'origine africaine. On distingue aujourd'hui deux grands foyers de publication: un foyer français et un foyer africain. À l'intérieur de chaque «foyer», d'énormes différences existent entre les entreprises individuelles et celles bénéficiant de capitaux importants, souvent co-financées par les gouvernements et/ou structures culturelles de la francophonie (ACCT).

Le foyer africain

Jusqu'aux années soixante-dix, la France détenait le monopole de l'édition, avec toutes les étapes que cela implique, de la sélection des manuscrits à la diffusion du produit fini. La création des Nouvelles éditions africaines (NEA) en 1972 à Dakar, à l'initiative du gouvernement sénégalais sous la présidence de Senghor, fait date dans l'histoire du livre en Afrique. Avant cette date, la seule structure éditoriale opérant sur le continent était les Éditions CLE, au Cameroun, fondée en 1963. La création des NEA va avoir des répercussions fondamentales à la fois sur la visibilité du livre en Afrique francophone et sur l'évolution de la littérature dans les décennies qui suivront.

Avant tout, les NEA ont été créées comme instrument éditorial au service d'une production culturelle africaine et interafricaine, c'est-à-dire dépassant le cadre national et le marché des trois États membres que sont Le Sénégal, Le Togo et la Côte d'Ivoire, et destinée en priorité au marché africain francophone. Aujourd'hui, les NEA restent le principal pôle de publication en Afrique francophone, et malgré des difficultés financières, prouvent leur dynamisme dans les nouveaux secteurs mis en place depuis les années quatre-vingt-dix, comme la littérature de jeunesse.

Face aux NEA désormais installées à Dakar, Lomé et Abidjan, le Centre d'édition et de diffusion africaines (CEDA) dont le domaine d'action exclusif jusqu'alors était la diffusion d'ouvrages scolaires, assure depuis 1977 une production littéraire régulière. En partenariat avec les éditions Hatier, le CEDA diffuse dans l'ensemble de l'Afrique des textes à orientation pédagogique, mais également des textes de fiction de nouveaux auteurs. Comme les NEA, le CEDA a récemment innové dans le secteur de la littérature enfantine. À son crédit également, la publication d'essais critiques très remarqués (Huannou 1989, Borogomano 1989).

Depuis 1972, d'autres maisons ont vu le jour, étant souvent le fait d'écrivains devenus éditeurs afin de pallier les difficultés d'accès au marché du livre tant pour l'écrivain que pour le public africain. On citera, entre autres, les Éditions Khoudia à Dakar, Le Figuier à Bamako, et Arpakgnon à Lomé. Les Éditions Khoudia, dont le catalogue comporte aujourd'hui une douzaine d'ouvrages, ont été créées à l'initiative de la romancière sénégalaise Aminata Sow Fall, également fondatrice du Centre d'animation et d'échanges culturels (CAEC) à Dakar. Les Éditions Le Figuier sont elles aussi le fait d'un écrivain, le malien Moussa Konaté, et comportent un catalogue d'une centaine de titres en Français, mais aussi en six langues nationales. Yves-Emmanuel Dogbé est un autre écrivain africain devenu éditeur, fondant en 1979 les Éditions Akpagnon au Togo, avec un catalogue actuel d'une trentaine d'ouvrages littéraires. En République du Congo (Éditions Limpala à Lumumbashi, Éditions Universitaires à Kinshasa), au Mali (Éditions Jamana à Bamako), à la Réunion (Éditions Goutte d'eau dans l'Océan), au Burkina Faso, en Guinée, au Gabon, des initiatives similaires ont été lancées, avec plus ou moins de succès en fonction de l'évolution économique des pays concernés.

Bien sûr, les motivations varient. Pour certains, la motivation principale est de faire connaître leurs propres textes au public, après qu'ils aient été refusés par les «grandes maisons». Pour d'autres, l'argument prioritaire sera la nécessité de baisser les coûts de production afin de rendre le livre accessible financièrement au public africain. Pour d'autres encore, le choix est nettement idéologique. Certes, assurer la production du livre en Afrique en dehors d'un partenariat avec la France (comme c'est le cas des NEA et du CEDA) est encore, dans les années quatre-vingt, un chemin pavé d'obstacles infra structurels et financiers, sinon une gageure, le coût de production du livre en Afrique restant considérable et le livre un objet de luxe pour l'Africain moyen. Il faut cependant reconnaître que dans presque tous les pays francophones, des initiatives ont été entreprises ces vingt dernières années afin de mettre à la disposition des écrivains africains des réseaux alternatifs de diffusion de leurs écrits. Si ceux-ci n'ébranlent nullement le monopole de l'édition française, et si leur espace de circulation reste restreint, ils assurent néanmoins de manière ponctuelle le lancement de jeunes auteurs africains en poésie, théâtre et roman, en dehors de la France, et continuent régulièrement d'enrichir le «foyer africain» de nouveaux titres. La visibilité de la littérature féminine, par exemple, doit beaucoup aux NEA où ont été publiés ces vingt dernières années la majorité des auteurs qui constituent désormais le canon de l'expression écrite féminine africaine.

Le foyer français

L'autre foyer de production est situé à Paris. Il convient de distinguer, dans les structures parisiennes, entre trois types de maisons d'édition: celles qui, historiquement, sont spécialisées dans l'Afrique, celles dont la politique éditoriale «cosmopolite» est de favoriser une visibilité de l'Afrique dans le monde des Lettres et qui publient régulièrement un certain nombre d'auteurs d'origine africaine, et celles, enfin, qui ne comptent dans leur écurie qu'un ou deux auteurs d'origine africaine.

Les grandes maisons spécialisées sont Présence Africaine, L'Harmattan, Karthala, Silex, Nouvelles du Sud et Sepia. La doyenne des spécialistes de l'Afrique, Présence Africaine, dont la revue éponyme fut fondée en 1946 par Alioune Diop, continue sa vocation de promotion culturelle en assurant régulièrement le lancement de nouveaux auteurs et la réédition de classiques. À partir de 1975, la maison et librairie L'Harmattan (fondée par Denis Pryen et Robert Ageneau) s'impose rapidement comme la seconde grande maison publiant les manuscrits des écrivains africains, de manière indifférenciée d'abord, puis dans des collections spécialisées telles que Encres Noires, Poètes des Cinq Continents, Théâtre des Cinq Continents ou Polars Noirs.

Présence Africaine et L'Harmattan se partagent aujourd'hui la majorité de la publication d'auteurs d'origine africaine, y compris les ouvrages universitaires et documents de recherche en littérature. Lancée par l'ancien co-fondateur de l'Harmattan Robert Ageneau, Karthala est l'autre grande maison sur la place parisienne spécialisée dans l'Afrique, quoique son catalogue comporte davantage d'études critiques en sciences sociales et humaines que d'œuvres de fiction. L'autre grande maison spécialisée dans les ouvrages africains est Silex, qui apparaît dans le paysage éditorial français en 1980. L'originalité de Silex est d'avoir été fondée par un poète, Paul Dakeyo, en collaboration avec d'autres écrivains et poètes. Dès le départ donc, Silex entend revendiquer non seulement la visibilité de la littérature africaine, mais plus précisément la place de la poésie, même si aujourd'hui le catalogue de quelques trois cent cinquante titres fait place aussi au roman et à l'essai. Pour finir, les Éditions Sepia s'imposent depuis 1980 comme autre spécialiste de la littérature de l'Afrique et des Caraïbes, avec pour originalité la publication d'éditions bilingues.

Un deuxième type de publication fait son apparition vers les années 1980. Il s'agit de maisons d'édition dont la politique éditoriale est d'aménager une place spécifique à la littérature africaine dans un catalogue général. Dans ce groupe, on trouvera la collection «monde noir poche» chez Hatier, prise en charge par Jacques Chevrier, et la toute récente collection Continent noirs chez Gallimard que dirige Jean-Noël Schiffano depuis 1979.

D'autres éditeurs comme Le Serpent à Plumes, se sont donné pour mission la visibilité de la littérature étrangère au sens large, sans se limiter à la littérature francophone uniquement, ni aux «hauts genres». Le Serpent à Plumes se veut avant tout ouvert aux nouvelles formes d'écritures et à la diversité des voix du monde, de sorte que l'on trouve, pêle-mêle dans son catalogue, autant des traductions de textes du monde entier que des polars, nouvelles ou romans du monde francophone. C'est le cas également pour Actes Sud, créés en

1978, ou pour les toute récentes Éditions Dapper, qui publient des textes d'auteurs africains sans distinction de langue d'origine.

Enfin, à Paris, un nombre minime de textes paraissent dans de grandes maisons d'édition qui n'ont pas de politique active de «recrutement», ont aussi un contingent d'auteurs africains ou d'origine africaine: Albin Michel qui publie Calixthe Beyala, Le Seuil (Kourouma, Lopes, Monenembo, Efoui), Seghers (Njami, Kesso Barry).

Ghetto ou pas ghetto?

Le lancement de la toute récente collection «continents noirs» chez Gallimard a ravivé le débat sur le statut de la littérature africaine dans les lettres francophones. En 1999, Jean-Noël Schiffano lance les cinq premiers titres d'une collection destinée à assurer une représentation de la production d'auteurs d'origine africaine, dans une maison où, traditionnellement, ils brillent par leur absence. Presque un demi-siècle après la publication du célèbre ouvrage *Écrivains noirs d'expression française*, la polémique est relancée: doit on faire une place à part aux auteurs francophones d'origine africaine, ou au contraire les intégrer au canon de la littérature française? Étant donné l'essor de la littérature africaine depuis l'ouvrage de Kesteloot, on ne s'étonnera pas qu'à la fin des années 90, le problème se pose avec acuité aux éditeurs, aux écrivains, et à leurs critiques. L'alternative se présente en termes d'assimilation ou de séparation.

Selon les tenants du discours «séparatiste» (Chevrier, Schiffano), les écrivains africains ont besoin d'une visibilité que les politiques éditoriales ne leur assurent pas. Il est donc urgent et nécessaire d'engager des politiques éditoriales actives en faveur d'une meilleure représentation de l'Afrique francophone. D'abord, parce que de bons manuscrits risquent d'être refusés pour diverses raisons allant de la censure politique au désintérêt pour les questions africaines. Ensuite, parce que même s'il est publié, le livre ne touchera pas le grand public, qui n'a pas été éduqué à apprécier la littérature. Étant donné que cette production est ignorée des programmes scolaires, et que les médias ne rendent compte que sporadiquement de son actualité, un éditeur bénéficiant de moyens de promotion et de suivi adéquats peut contribuer à lui assurer une visibilité, et à transformer les habitudes de lecture du public métropolitain.

Derrière ce discours pour la séparation se profile un autre argument invoqué explicitement ou implicitement par les directeurs de collection, à savoir, la différence culturelle. Selon cet argument, les littératures africaines, quoique écrites en Français, témoignent d'une réalité, d'une sensibilité au monde et d'une Histoire radicalement étrangères au public métropolitain. Jacques Chevrier, directeur littéraire de *Hatier Monde Noir* se déclare explicitement en faveur d'une meilleure diffusion qui aiderait le public à découvrir les littératures africaines. Il réfute le terme «ghetto» arguant qu'une politique éditoriale de séparation constitue selon lui une ouverture à la littérature africaine dont l'accès n'est pas «donné» au public français. «En général», affirme-t-il, «qui dit ghetto dit monde fermé, resserré, hostile à toute circulation; or ces livres circulent. Je ne récuse pas totalement cette notion de ghetto, mais je trouve que le mot est mal choisi» (178). Les arguments en faveur de la séparation avancent dans l'ensemble la nécessité d'une prise en charge active de la promotion du livre africain par les circuits commerciaux, et un mode de promotion qui implique non pas l'effacement, mais la conscience de la différence culturelle.

À l'opposé, un certain discours pour l'intégration met en garde contre la «ghettoïsation» de la littérature africaine. Selon ses tenants, il n'existe pas de spécificité du texte africain qui justifierait de sa place dans des collections inévitablement marginalisées, et le seul critère de sélection des manuscrits doit être la qualité esthétique: en bref, si un manuscrit est bon, il sera publié, où que ce soit, et quelle que soit l'origine de son auteur. Telle est la position de Gilles Carpentier, directeur de publication au Seuil où il n'existe pas de collection «africaine»: «au Seuil, nous rejetons l'idée d'une collection spécifique qui mettrait un certain nombre de littératures dans un ghetto, qui couperait en fait les ponts et en ferait un objet exotique ou ethnographique, non plus un objet littéraire. Or, nos choix sont avant tout littéraires» (Caever 1998:164).

Selon Carpentier, l'existence de collections fondées sur des critères identitaires, (voire «raciaux» puisque l'adjectif «noir» est utilisé dans les deux cas) s'inscrit dans la continuité de l'exotisation de l'Afrique par la métropole et condamne l'écrivain africain à la marginalité. Or, de la marginalité à l'infériorité, le pas est vite franchi, de sorte que l'extériorité pourrait signifier, pour le public, un statut de sous-littérature par rapport au canon français. Si en revanche le livre d'un auteur africain est intégré au catalogue général, comme au Seuil, chez Albin Michel ou Grasset, sa valeur en tant qu'objet littéraire serait hors du soupçon d'infériorité qui plane sur les collections.

Pour ou contre une politique active de représentation africaine dans les maisons d'édition générale? Où commence l'exotisme et/ou la revendication d'une spécificité? D'une certaine manière, le débat semble stérile dans la mesure où il s'agit, dans un cas comme dans l'autre, de pratiques commerciales destinées à présenter, puis à rentabiliser un produit. Tout écrivain rêve d'être publié, connu, reconnu, et d'obtenir les prix littéraires qui sanctionnent cette reconnaissance auprès du public. Tout écrivain rêve aussi, comme son éditeur, de réaliser de bons chiffres de vente. Si les collections spéciales existent, c'est bien que certains sacrifient au rêve d'universalité en invoquant une identité africaine qui les distingue. Comme l'a démontré la critique Gayatri Spivak, l'essentialité stratégique, c'est-à-dire l'affiliation ponctuelle à une identité (raciale, sexuelle, nationale) est un mode de revendication conscient d'inscription de la voix et du sujet dans le monde. Les écrivains qui publient chez Grasset, Albin Michel, ou Seuil ont-ils atteint l'universalité? Sont-ils réellement des «écrivains tout court», et à quel prix? Pour qui ce statut est-il possible, au-delà des désirs et conditions de chacun? Si les entretiens individuels avec des écrivains abondent, il manque encore d'études de fond qui documenteraient avec précision les termes et enjeux de ce débat, et ferait la part des choses entre les revendications idéologiques et les intérêts commerciaux. D'une manière générale, l'aspect commercial est occulté dans les déclarations des éditeurs et des écrivains. On a souvent tendance à privilégier les considérations idéologiques, oubliant que la littérature africaine en France est aussi un produit qui s'inscrit selon des choix de commercialisation précis dans le cadre plus global du marché du livre en France. La diversité des foyers d'édition à l'heure actuelle reflète le dynamisme de la production littéraire d'auteurs africains ou d'origine africaine, ainsi que l'éclatement en divers circuits de production et de diffusion. Plutôt que de déplorer le phénomène par lequel, tout bien considéré, un public de plus en plus nombreux a accès aux textes, il peut s'avérer plus fructueux d'examiner les dynamiques d'affiliation (voulues ou forcées) par lesquelles cet éclatement force aujourd'hui lecteurs, écrivains et critiques à une reconceptualisation de l'idée même de «littérature africaine».

Les auteurs

Bien qu'elle soit constituée d'un ensemble de textes établi par la publication, la littérature est aussi inscrite dans la mémoire collective sous la forme d'un ensemble de noms. Un nom devient canonique à la faveur d'un texte, certes, mais en retour le texte assure à l'auteur une canonicité inaltérable, quel que soit ce qu'il ou elle publie par la suite. De même, ce sont des noms que l'on aligne pour rendre compte d'un mouvement, d'une génération, d'un phénomène, avant d'en venir au texte, parfois sans avoir lu les textes en question. Pour cette raison, la première étape de cette présentation de la production africaine des vingt dernières années s'attachera à exposer les nouvelles configurations qui se font jour en fonction des différents réseaux d'auteurs qui se sont constitués, et ce, sur la base de leur identité plutôt que de leur écriture—même si les deux peuvent converger. Ces regroupements n'échappent pas à l'arbitraire, évidemment, et les ensembles proposés ne correspondent que très rarement aux affiliations souhaitées par les auteurs eux-mêmes.

Pour de nombreux critiques, le milieu des années quatre-vingt sonne l'heure du bilan: des voies ont été tracées par des écrivains phares qui assurent désormais à la littérature francophone africaine une visibilité indéniable; une véritable discipline s'est instaurée à la faveur de travaux d'anthologies, de thèses et de travaux de synthèses; la prolifération des réseaux éditoriaux en France et en Afrique atteste à la fois de la diversité de la production et l'accroissement d'opportunités de publication pour les écrivains; autant les écrivains ont dépassé la phase initiale de «prise de parole» collective, autant la critique a dépassé celle de la découverte et du défrichage. L'espace littéraire est désormais circonscrit, institutionnalisé, et confirmé dans son importance par un corpus en croissance constante, et la préoccupation majeure des critiques comme celle des auteurs est le changement, c'est-à-dire le rapport de l'œuvre présente à la tradition dans laquelle elle s'inscrit (Harrow).

De nombreux critiques ont vu dans le tournant des années quatre-vingt l'annonce d'une nouvelle mutation dans la création littéraire (Ngal 1994) et un «foisonnement» de nouvelles écritures plein de promesses (Chevrier 1984, Dabla 1986). Je traiterai plus loin des caractéristiques structurelles de ce renouveau dans un chapitre consacré aux mutations de genre et de langage. Auparavant, il s'agira de signaler dans l'évolution de la littérature africaine la constitution, délibérée ou non, de réseaux distincts d'auteurs, dont la co-existence lui assure une visibilité renouvelée.

Par qui le changement a-t-il été pris en charge? Comment la critique a-t-elle participé à ce changement de la perception des auteurs? Quelles transformations conjuguées des conditions de production et quelles reconfigurations de l'espace littéraire permettent de parler aujourd'hui de «renouveau»? Quatre phénomènes notoires sont à retenir pour la période qui nous concerne: le regain de notoriété que connaissent aujourd'hui les écrivains phares des décennies précédentes; la revendication de littérature nationale; la visibilité des femmes; l'émergence d'une littérature issue de l'immigration.

La canonisation des écrivains des années 1960-70

À la fin des années soixante dix, un canon de la littérature africaine en Français s'est constitué: un ensemble de poètes et romanciers principalement se sont vus ériger en «grandes figures» par la critique, parfois grâce à un premier roman considéré comme un chef-d'œuvre (c'est le cas de Cheikh Hamidou Kane avec *L'Aventure ambiguë* (1961), par exemple, ou d'Ahmadou Kourouma avec *Les soleils des Indépendances* 1968), parfois grâce à une production régulière année après année (comme Sony Labou Tansi). Au-delà de la qualité intrinsèque des textes, le travail institutionnel d'anthologisation, l'accessibilité des livres sur le marché international, la traduction en langues étrangères, le choix des œuvres aux programmes scolaires vont, de manière réciproque et circulaire, consolider ce canon année après année. En effet, c'est parce qu'un auteur est disponible, ou parce qu'il a reçu un prix littéraire, ou encore parce qu'il figure dans une anthologie que les professeurs vont mettre le livre au programme, ou que les librairies vont se le procurer, et vice-versa. Ceci est un phénomène bien connu, qui ne se limite pas à la littérature africaine.

De plus, dans le cas particulier de la littérature africaine, il s'agit selon l'expression consacrée d'une littérature «jeune», dont l'enseignement reste marginal dans le cursus scolaire et universitaire. Par conséquent, le découpage en périodes caractéristiques des départements de lettres françaises fait place à des cours de type exhaustif d'introduction aux œuvres clés du siècle, dont se trouvent *de facto* exclus les textes mineurs ou ceux trop récents dont la pertinence ou la qualité n'a pas été attestée par un corpus critique. Dès lors, étant donné que les travaux des critiques se concentrent soit sur la «naissance» de cette littérature comme prise de parole du colonisé, soit se limitent aux années de «l'âge d'or du roman», la même douzaine ou demi-douzaine de noms est sans cesse invoquée, et, par un mécanisme bien connu, c'est leur répétition qui assure la fixité du canon.

Ces dernières années, plus précisément dans les années quatre-vingt-dix, on assiste à un phénomène intéressant, par lequel, parallèlement au fait que de nouveaux auteurs apparaissent, le canon constitué par les «anciens» se consolide considérablement. Du fait des structures de distribution et des contingences pédagogiques, et de la parution de nouveaux titres, ces anciens semblent «ressurgir» en force sur le marché du livre. Une génération n'en supplante pas une autre, au contraire.

Certes, nombre d'auteurs ont cessé d'écrire. Le cas le plus frappant étant celui de Yambo Ouologuem, qui se retira de la scène littéraire après l'affaire de plagiat qui entoura la publication de son roman *Le devoir de violence*. D'autres, comme Ferdinand Oyono, se sont consacrés à d'autres carrières. D'autres, parmi les plus grands, et les plus prolixes, sont morts: Sylvain Bemba, Tchicaya U Tamsi, Sony

Labou Tansi, William Sassine disparaissent entre 1992 et 1995. Cependant, même dans le cas où les auteurs ne produisent plus rien de nouveau, les politiques éditoriales de réédition et de traduction en langue étrangère leur assurent, comme à leur aînés, une représentation constante au sein du canon. Sony Labou Tansi, par exemple, acquiert dans la postérité un statut quasi mythique d'écrivain-poète-dramaturge instigateur d'un nouveau rapport au langage et d'intellectuel victime des dérives sociopolitiques de son Congo natal, en même temps que de génie prometteur fauché par l'épidémie du Sida.

Mais beaucoup des grandes figures des décennies précédentes sont toujours présentes et continuent à publier à un rythme soutenu. En cela ils contribuent non seulement à enrichir la littérature africaine, mais ils confirment également leur place dominante dans le canon des lettres africaines. Juste avant sa mort en 2001, Mongo Beti venait de publier deux romans, *Trop de Soleil tue l'amour* (1999) et *Branle-bas en noir et blanc* (2000), qui témoignent non seulement de son talent, mais aussi de sa formidable capacité de renouvellement. Henri Lopes, auteur congolais qui entre en littérature avec le très remarqué *Tribaliques* (1972), confirme son statut de grand romancier avec *Le Pleurer-rire* en 1982, et entame ensuite un cycle de romans davantage orientés sur la question du métissage déjà abordée en filigrane dans ses poèmes antérieurs. Il a d'ailleurs obtenu le Grand prix de la Francophonie pour l'ensemble de son œuvre en 1993. Un autre congolais, Emmanuel Dongala jouit lui aussi d'un regain de notoriété avec la publication en 1998 de *Les Petits garçons aussi naissent des étoiles*, neuf ans après *Un Fusil dans la main un poème dans la poche* qui le rendit célèbre: Grand prix de l'Afrique noire en 1973. Il est aujourd'hui professeur dans une université américaine et a acquis un statut de renommée internationale, à la faveur notamment de traductions en langue anglaise. Autre retour, celui de Cheikh Hamidou Kane, qui n'avait plus rien publié depuis le désormais classique *L'aventure ambiguë* (1961), revient après trente cinq ans de silence avec *Les gardiens du temple* (1996).

Le cas d'Ahmadou Kourouma est encore plus flagrant. Tous ont reconnus en *Les Soleils des Indépendances* un chef-d'œuvre inaugurant en 1968 le grand virage du roman africain vers de nouvelles voix narratives. Vingt-deux ans plus tard, *Monnè outrages et défis* est acclamé par la critique, et en 1999, la publication de *En attendant le vote des bêtes sauvages* lui assure une véritable consécration confirmée par le roman suivant, *Allah n'est pas obligé* (2000), récemment couronné par le prix Renaudot qui fait de lui aujourd'hui l'écrivain africain le plus connu du public français.

Si elle ne commence à publier que plus tard, avec *Le Baobab Fou* en 1982, la Sénégalaise Ken Bugul se remet elle aussi à publier dans les années quatre-vingt dix, semblant confirmer le regain d'inspiration—et de notoriété—dont bénéficient dans leur maturité certains auteurs africains. De même, la Camerounaise Werewere Liking, qui commence à publier poème et théâtre en 1977, s'impose comme une figure importante, non seulement de la littérature féminine, mais également d'un nouveau type d'écriture à mi-chemin entre la performance, la poésie et la fiction. Tierno Monenembo, auteur des *Crapauds Brousse* en 1979, est considéré comme un des interprètes les plus originaux du réel africain, après la publication du livre *Écailles du ciel* qui obtient le Grand Prix de l'Afrique noire en 1986, auquel suivront cinq autres romans en dix ans. Boubacar Boris Diop s'impose également avec *Le temps de Tamango* en 1981, et revient dans les années quatre-vingt dix avec quatre romans: *Les Tambours de la mémoire* (1990); *Les traces de la meute* (1993); *Le Cavalier et son ombre* (1997- Prix Tropiques) et *Murambi, le livre des ossements* (2000). Il est aujourd'hui désigné comme le grand écrivain de la mémoire africaine.

Le lieu de publication n'est pas étranger à ce phénomène de «canonisation» des aînés. On notera que de nombreux auteurs (Lopes, Boubacar Boris Diop, Dongala, Beti, Kourouma) publient à l'heure actuelle dans de grandes maisons françaises, qu'ils y aient toujours été ou qu'ils les aient préféré aux éditeurs africains de leurs débuts. Ils bénéficient de ce fait de moyens de promotion (déploiement de réseaux de relations publiques, promotion télé et radio, annonces dans la presse écrite à grande diffusion, tournées de librairies, invitations de toutes sortes) dont ne disposent pas toujours les maisons plus modestes, et ont accès aux prix littéraires prestigieux.

Au-delà de ce constat, il est légitime de questionner la valorisation de certains textes plutôt que d'autres. Le critère de qualité esthétique est-il le seul opérant? Dans un marché à grande concurrence, comment fonctionnent les calculs de rentabilité? Le danger existe que certains écrivains ne deviennent des écrivains alibis qui ne serviraient qu'à masquer le refus de la France de lire/de promouvoir d'autres œuvres que celles désignées par un consensus souvent non-africain. Une étude systématique du paratexte (bande-annonce, photos, quatrième de couverture) devrait être entreprise afin de faire la part de l'exotisation dans la promotion du livre africain. De même une étude sérieusement documentée sur le processus d'attribution des prix littéraires aux Africains s'avèrerait également fructueuse. En somme, le problème de la formation et du renforcement du canon en littérature africaine mérite d'être analysé plus en détail. Si les critiques ont insisté sur la manière dont la littérature négro-africaine s'est imposée contre le canon occidental, il manque à l'historiographie africaine un travail de synthèse sur la construction du canon—ou des canons—en littérature francophone.

Les auteurs «issus de l'immigration»

Parallèlement à la consécration des aînés, la critique porte de plus en plus une attention particulière à une nouvelle génération d'écrivains qui fait son apparition sur la scène littéraire française dans les années quatre-vingt dix, et qui ont en commun d'être d'origine africaine et de résider en France. Les plus connus sont: Calixthe Beyala, Simon Njami, Alain Mabanckou, Daniel Biyaoula, Florent Couao-Zotti, Kossi Efoui, Gaston-Paul Effa, Abdourhamane Waberi, Bessora (voir bibliographie). On avance aujourd'hui que ce sont eux qui redonnent une visibilité perdue aux Africains vivant en France et assurent du même coup le renouveau du roman africain.

L'émergence de ces auteurs est intimement liée à des mutations démographiques entre la France et ses ex-colonies entre 1970 et 1980, dues à la fois à une continuité d'immigration vers la métropole française et à l'accélération de mouvements d'émigration de l'Afrique provoquée par l'instauration de régimes totalitaires en Afrique ces vingt dernières années. L'implantation en France de communautés africaines provenant des anciennes colonies françaises est passée, dans les années soixante-dix d'une immigration individuelle à une immigration familiale, et a produit ce qu'il est coutume d'appeler une seconde génération d'immigrés, dont certains ont la nationalité française, d'autres non. Nés pour la plupart autour des indépendances, ils arrivent à maturité quarante ans plus tard, dans un contexte bien différent de celui de leur aînés.

Ils n'ont pas vécu le passage du statut de colonisé à celui de citoyen des nations nouvelles. Leur naissance, au contraire, coïncide avec celle de la majorité des États africains. S'ils ont vécu en Afrique, ils n'ont souvent connu qu'un seul régime, celui du parti unique, avant que le processus de démocratisation ne s'annonce à la fin des années quatre-vingt-dix. Certains ont fait le choix de quitter le pays natal, d'autres ont suivi leurs parents en exil, d'autres, enfants de diplomates par exemple, ont été élevés dans un constant va-et-vient entre différents pays d'Europe et d'Afrique. Immanquablement, leurs préoccupations, leur rapport au continent africain, leur rapport à l'espace et à la langue, leur conception de l'engagement et du rôle de l'écrivain, leur discours sur l'identité témoignent de leurs trajectoires individuelles, historiquement distinctes de celles des générations précédentes.

De plus, le contexte de la création littéraire a énormément changé. L'espace de la littérature africaine s'est consolidé et institutionnalisé au fil des ans. À l'heure où ces jeunes écrivains publient leur premier roman, ils ont derrière eux plus d'un demi-siècle de production romanesque, poétique et théâtrale négro-africaine dont certains textes fondateurs ont été intégrés au cursus scolaire. Les références, allusions et intertextualités repérables dans leurs écrits témoignent d'ailleurs de cette «dette» intellectuelle aux prédécesseurs, même s'il s'agit d'en réécrire le discours. Par exemple, les vers de Tchicaya U Tamsi apparaissent dans la fiction de l'Ivoirien Jean-Marie Adiaffi; des allusions à Cheikh Hamidou Kane chez Werewere Liking; etc. Le recours à l'intertextualité comme mode de réécriture—marquant un double désir de continuité et de rénovation littéraire (Dabla 1986) constitue un des traits caractéristiques de cette génération.

Mais si le texte africain se présente, dans les années 90 plus que toutes les autres, comme un intertexte, c'est aussi son caractère hétérogène qui frappe: la «bibliothèque», c'est-à-dire l'ensemble des théories et récits qui ont contribué à leur formation intellectuelle, par des lectures, privées ou scolaires, se situe, comme leur identité, au croisement de deux traditions culturelles et littéraires: l'une négro-africaine, l'autre française. À celle-ci s'ajoutent des influences étrangères, comme la littérature noire américaine ou sud-américaine. Pour s'en convaincre, il suffirait d'étudier systématiquement les épigraphes des nombreux romans, recueils de poèmes ou pièces de théâtre, où se côtoient des citations de classiques français et africains. Invoquer à la fois une tradition littéraire européenne et africaine souligne d'une part leur double appartenance, et de l'autre le refus de s'enfermer dans une identité unique. En ce sens, on pourra dire d'eux qu'ils sont des métis culturels, et qu'ils ont conscience de leur position à l'intersection de plusieurs traditions littéraires. Le métis culturel n'est plus tragique, ne se place plus devant un dilemme d'affiliations paradoxales, il sait au contraire jouer du «double passeport» qui enrichit sa création littéraire (Waberi).

Pour la première fois depuis les belles heures de la négritude, les critiques commencent à parler de «mouvement littéraire», défini soit en fonction de critères communs identitaires, soit en fonction de thématiques communes. La première approche compare cette émergence à celle de la littérature «beure» en France. Dans les années 1980, la critique a érigé en genre les écrits de jeunes Maghrébins de la deuxième génération, appelés «beurs» (Laronde, Heargraves).

S'agissant de la production de jeunes auteurs installés en France, on parle désormais d'une «nouvelle génération post-coloniale» (Caever), d'écrivains «issus de l'immigration» ou des «enfants de la post-colonie» (Waberi). L'appartenance des auteurs à ce groupe se définit donc d'abord et avant tout par une identité commune, transnationale, qui renvoie à l'histoire de mouvements migratoires dans laquelle ils s'inscrivent. Le terme «post-colonial» est ici défini dans un sens à la fois très large et très restreint. Large, parce qu'est considéré comme «post-colonial» tout auteur résidant en France dont les origines renvoient à l'une des ex-colonies françaises en Afrique, sans que le caractère post-colonial de ses écrits ne soit démontré: le texte est post-colonial parce qu'il est écrit par un auteur post-colonial, cela sans que des caractéristiques d'ordre formel ne soient analysées;

restreint aussi parce que «post-colonial» ne s'applique pas aux écrivains qui résident et publient en Afrique: c'est l'expérience de la migration qui fait la post-colonialité de l'auteur.

Cette approche soulève une série de questions: les écrivains résidant en Afrique ne sont-ils pas, eux aussi, «enfants de la post-colonie»? Paradoxalement, alors que la «post-colonie» renvoie généralement aux États africains, serait-elle, pour l'historiographie littéraire, nécessairement en dehors de l'Afrique? De plus, les littératures maghrébines, la littérature beure, la littérature vietnamienne, antillaise, ne proviennent-elles pas elles aussi de voix post-coloniales? De même, les auteurs issus d'une immigration autre qu'africaine (européenne, asiatique...) ne sont-ils pas exclus d'une telle dénomination? Manifestement, s'il faut avoir recours à une étiquette renvoyant à l'origine, un travail de raffinement de la terminologie doit être fait afin de rendre compte de la spécificité de ce groupe d'écrivains. Le label «beur», qui avait l'avantage d'exprimer une spécificité maghrébine, est aujourd'hui révoqué par certains écrivains qui s'y voient enfermés malgré eux. Il est à prévoir (et nous le verrons dans la section sur la définition de l'écrivain africain) qu'au fur et à mesure que les «enfants de la post-colonie» feront entendre leurs voix de plus en plus diverses, ils s'élèveront eux aussi contre ce label.

La seconde approche renvoie elle aussi à l'expérience de la migration, mais se montre plus spécifique en ce qu'elle érige en mouvement littéraire un ensemble de textes centrés sur l'expérience en France, caractérisé par des récurrences thématiques et formelles et articulant un discours identitaire distinct. Contrairement à l'approche précédente, ce n'est plus uniquement l'identité de l'auteur, mais également le contenu textuel qui est déterminant, justifiant le terme de «mouvement littéraire». Dans la veine des travaux de Paul Gilroy qui propose le concept d'«Atlantique noire» pour rendre compte de l'importance des échanges intercontinentaux dans la formation des identités noires modernes, Benetta Jules-Rosette situe ces auteurs de la nouvelle génération dans un mouvement qu'elle appelle «parisianiste», c'est-à-dire dans lequel Paris apparaît central comme source d'inspiration et lieu de négociation identitaire.

Effectivement, l'activité d'écrivains africains ou d'origine africaine à Paris n'est pas nouvelle, pas plus que ne l'est la centralité de la métropole française dans la littérature négro-africaine. La Négritude est un mouvement littéraire né à Paris de la rencontre de Senghor, Césaire et Damas. Les revues culturelles *L'étudiant noir*, *La Revue du monde noir*, et *Présence Africaine* ont été fondées par des Négro-Africains à Paris dans un contexte similaire. Le thème du voyage à Paris constitue désormais un topo des premiers romans de formation négro-africaine des années 1950-70 (Ake Loba, Bernard Nganga, Ousmane Socé, Ferdinand Oyono, Bernard Dadié, Cheikh Hamidou Kane). Arguant la continuité historique de migrations individuelles entre la France et le «monde noir» depuis le mouvement de la Négritude, Jules Rosette interprète la centralité de Paris dans la littérature des années quatre-vingt-dix comme un avatar post-colonial du genre «parisianiste».

La forme post-coloniale du parisianisme serait la suivante: une récurrence de thèmes (exclusion, aliénation, exil, folie); de positions du sujet (individuel, désirant, hybride, iconoclaste); et de modes narratifs (intrigue, personnages, voix autoriale). Il n'y aurait pas émergence, mais réinvention d'un genre fondateur de la littérature négro-africaine, dans un contexte social radicalement différent. Bien qu'elle inscrive dans cette catégorie l'Ivoirienne Véronique Tadjo, ou le Congolais Bolya Baenga, son recensement liste principalement des écrivains d'origine camerounaise, dont Calixthe Beyala, Paul Dakeyo, Simon Njami, Yodi Karone, Blaise Ndjehoya, sans toutefois interroger cette dernière coïncidence. Outre ceux cités par Jules-Rosette, ces dernières années ont vu la parution d'une dizaine de titres renvoyant au même sujet, dont *Le Paradis du Nord* de J.R. Essomba (1996), *Ici s'arrête le voyage* de Léandre-Alain Baker (1996), *Dans la peau d'un sans-papier* d'Aboubacar Diop (1997), *L'Impasse* de Daniel Biyaoula (1998) et *Bleu blanc rouge* d'Alain Mabanckou (1998).

Doit-on constater une simple banalisation du thème de l'émigration en France dans la fiction récente (Chevrier), ou en appeler, effectivement, à un mouvement littéraire? Il est vrai qu'une relecture des textes des générations précédentes constaterait une récurrence thématique de la migration depuis les premiers romans de formation, rendant caduque la périodisation générationnelle. Mais il est vrai aussi que le parcours spécifique de ces auteurs détermine en grande partie leur vision du monde et leur rapport à la langue, de telle sorte que leur fiction peut, en effet, en porter les traces, même si elle n'est pas autobiographique. A-t-on affaire, une fois encore, à une ethnologisation du fait littéraire, qui lirait systématiquement le texte africain à l'aune de l'expérience sociale collective (migration, exil), ou les textes portent-ils, dans leur facture, la marque d'un rapport radicalement différent au réel? Il serait hâtif de conclure à l'existence de «mouvements», surtout en l'absence de déclarations ou manifestes qui en seraient les textes fondateurs et qui réguleraient les jeux d'adhésion et d'exclusion comme ce fut le cas pour d'autres mouvements (Négritude, surréalisme). Si un mouvement doit être identifié, c'est aux auteurs eux-mêmes de se prononcer sur leur appartenance ou non à ce mouvement. Dans le cas contraire, on doit se contenter de constater des récurrences, des préoccupations communes à une génération ou des démarches esthétiques similaires. Étant donné la somme de textes nouveaux qui paraissent chaque année, il ne fait aucun doute que les années qui viennent verront d'autres identités, d'autres sous-ensembles et d'autres dénominateurs communs servir de critères à la reconfiguration constante de l'espace mouvant de la littérature africaine—ou d'origine africaine—contemporaine.

La voix des femmes

Les écrits des femmes africaines se sont vus, ces dernières années, rassemblés sous la bannière commune de «littérature féminine». L'arrivée des femmes sur les scènes littéraires françaises et africaines constitue une des transformations majeures des années 80. Jusque-là, la présence des femmes africaines se limitait à des études de type thématique sur l'image et la représentation de la femme dans les écrits des hommes, aux écrivains anglophones qui avaient pris, si l'on peut dire, quelques années d'avance (Flora Nwapa, Bessie Head), et à des textes publiés sporadiquement depuis 1950, mais largement ignorés des anthologistes et des critiques. On notera le rôle crucial des Nouvelles éditions africaines à Abidjan et Dakar, et en France de maisons spécialisées comme Présence Africaine et L'Harmattan qui donnent tous les deux une forte impulsion à la parole féminine. Les maisons françaises non spécialisées ne semblent pas lui manifester grand intérêt: à quelques exceptions près (Beyala chez Albin Michel et Bessora chez Serpent à Plumes), leurs auteurs africains sont des hommes.

L'émergence d'un corpus important de textes écrits par les femmes (Jean-Marie Volet en recense une centaine, tous genres confondus en 1994) a donné lieu à une demi-douzaine d'études sur le sujet en une quinzaine d'années. Contrairement aux auteurs «issus de l'immigration», la littérature féminine ne manque pas d'ouvrages critiques qui constituent d'excellentes bases de recherche. C'est en particulier grâce à une série de premiers travaux d'anthologie destinés à offrir une vision globale de la production poétique, théâtrale et romanesque que les femmes ont acquis une visibilité certaine ces dernières années. L'étude de Jean-Marie Volet (1994) constitue une excellente source d'information, tant sur la biographie des 157 femmes recensées que sur leurs œuvres. Les auteurs notent cependant que la difficulté majeure rencontrée au cours de leur recherche a été l'obtention des textes eux-mêmes, souvent rares, épuisés ou disparus des circuits de distribution. Selon eux, bien que les chiffres soulignent l'abondance des écrits de femmes, les obstacles pratiques quant à l'accessibilité des textes même les vouent à la marginalité, voire à l'invisibilité dans la littérature en général. Malgré l'importance du corpus, donc, le professeur qui veut mettre un livre au programme, le chercheur qui veut inclure telle ou telle œuvre dans son travail ou le lecteur bien intentionné, semblent devoir s'armer d'énergie et de patience pour accéder au domaine encore largement inexploré de la littérature féminine africaine.

Il s'agit bien d'un domaine en pleine expansion, dont les sources ne semblent pas prêtes de tarir. En 1994, à la veille de clore leur étude, les auteurs déplorent être pris de vitesse par l'essor de cette production: «Ce sont des dizaines de titres et d'auteurs qu'il faudrait encore mentionner. Car on s'en rendra compte en parcourant les pages qui suivent, la contribution des Africaines dans le domaine du roman a pris une ampleur considérable au cours des dernières années. Le nombre impressionnant d'auteurs que nous avons «découverts» au cours de notre projet a dépassé toutes nos prévisions et chaque semaine apporte de nouveaux noms et de nouveaux titres».

Source précieuse également, le travail d'anthologie de Sonia Lee, publié la même année, intitulé *Les romancières du continent noir*. La portée en est plus explicitement didactique, donnant à lire des textes facilement exploitables dans le cadre de cours d'introduction à la diversité des écrits de femmes francophones.

Outre les anthologies, c'est dans les années quatre-vingt-dix que la critique propose des analyses plus critiques sur l'ensemble de la production féminine. Madeleine Borgomano avait posé le premier jalon d'une approche globale de la production féminine dans *Voix et visages de femmes* en 1989, qui reste cependant davantage au niveau de la description des intrigues romanesques que de l'interprétation véritable. À partir de 1994, des critiques théorisent véritablement cette production. Si tous s'accordent à reconnaître d'une part l'absence, ou l'invisibilité des écrits de femmes avant 1980, et de l'autre le formidable essor d'une littérature féminine après la date symbolique de 1980, leurs approches et leurs explications de «l'invisibilité» notoire des femmes varient. Certains réfutent de manière convaincante l'idée d'une absence et s'étonnent que les critiques n'aient pas prêté attention à un corpus digne d'attention bien avant 1980 (Stringer 1996).

Pour d'autres (Mouralis 1975, Cazenave 1996), cette absence de visibilité s'expliquerait d'une part par le manque d'homogénéité du corpus à ses débuts, qui rendait impossible l'identification de traits caractéristiques, et laissait les critiques perplexes devant un ensemble disparate; d'autre part, cette absence s'expliquerait par le caractère autobiographique, donc déjà marginal, de la majorité des textes. D'autres encore (Dalmeida 1994, Stratton 1994), adoptent un discours plus explicitement féministe et préfèrent le terme de «silence» imposé, renvoyant à la fois à l'absence de prise de parole (les femmes écrivent moins) et à l'invisibilité des écrivaines (leurs écrits sont marginalisés) à un processus historique continu de suppression de la parole féminine par les institutions patriarcales et coloniales. Cependant, entre l'argument d'une trop grande hétérogénéité et celui d'une insuffisante littérarité, il est difficile de faire la part des choses, en attendant que d'autres travaux viennent faire la lumière sur les écrits d'avant 1980.

Aujourd'hui, les travaux d'anthologisation et de critique ont consacré un véritable canon de la littérature féminine francophone, né vers les années 1980. Les noms qui reviennent dans les corpus choisis des études critiques sont ceux de: Mariama Bâ, Aminata Sow Fall, Werewere Liking, Ken Bugul, Calixthe Beyala, Angèle Rawiri, Tanella Boni, Véronique Tadjo.

Dans *Femmes rebelles*, Odile Cazenave (1996) s'attache à repérer les thèmes et images récurrents dans ce qu'elle appelle «le nouveau roman africain au féminin», entre 1981 et 1994. Selon elle, contrairement à l'hétérogénéité qui caractérisait les—rares—œuvres des décennies précédentes, «les romans féminins des dix dernières années marquent par leur constitution, dans les termes abordés et la forme de l'écriture, une nouvelle génération d'écrivains» (329). À partir d'un corpus d'une vingtaine de textes, elle organise l'exposé de ces récurrences en trois catégories: les représentations de la marginalité, l'exploration par les femmes des tabous de leurs sociétés respectives, et les spécificités d'un discours politique féminin ou féministe.

La volonté de Cazenave (1996) d'ériger le roman au féminin en genre et espace spécifique de la littérature africaine appelle cependant une série de questions qui sont valables pour les autres critiques: est-on, au milieu des années quatre-vingt-dix, dans une phase de revendication essentialiste de type «stratégique», selon les termes de la critique Gayatri Spivak, phase dans laquelle l'urgence est d'apporter une visibilité et de revaloriser la parole d'un groupe en particulier, ou existe-t-il, réellement, une écriture féminine caractérisée par des thèmes et structure qui lui sont propres? Au-delà des similarités qu'une approche méthodologique tautologique peut toujours faire ressortir, la diversité du corpus n'est-elle pas encore, et toujours, une caractéristique majeure?

L'étude de Jean-Marie Volet (1994) choisit un axe plus spécifiquement thématique en organisant les analyses d'une douzaine de textes publiés par des femmes entre 1975 et 1994 autour de la question du pouvoir. Partant du principe, comme Dalmeida (1994), que la prise de parole des femmes s'est faite en partie en réaction à une situation d'oppression, il interprète les textes en fonction de la négociation avec les différents pouvoirs (pouvoir surnaturel, institutionnel, individuel, politique) dont ils témoignent. Cependant, étant donné la variété des problématiques que recouvre la notion de pouvoir, ses analyses pêchent par une application parfois forcée de la grille de lecture choisie. Le même reproche pourrait d'ailleurs être fait à la présentation de Dalmeida, qui, dans la veine des études féministes d'Hélène Cixous, pose l'idée d'une «prise d'écriture» des femmes africaines afin de rendre compte de la production récente. La démarche motivant l'analyse, légitime au départ, tombe dans une sorte d'énoncé tautologique par lequel la «prise d'écriture» est à la fois fil conducteur, thèse et prémisse méthodologique, permettant à tout écrit de femme d'y être représenté *de facto*. Le critère, finalement, est davantage identitaire que formel ou thématique.

Or, au-delà de l'identité sexuelle commune, cette production frappe par sa diversité et la présence de voix originales. Si de nombreux textes—romans surtout—demeurent de facture très classique, parfois même pauvre, et innovent peu au niveau de la structure narrative et de la langue, d'autres sont le produit d'un travail sophistiqué dans l'expression littéraire. En poésie comme dans le roman, mais abolissant en fait la frontière entre les genres, des textes comme ceux de Werewere Liking, Véronique Tadjo, Tanella Boni, Anne-Marie Adiaffi, Calixthe Beyala se distinguent de la masse des écrits de femmes par le renouvellement non pas seulement thématique, mais aussi formel dont ils témoignent.

Si la production, ou en tout cas la publication des écrits de femmes apparaît plus tard que celle des hommes, les années 1980-90 marquent indéniablement une envolée, qui ne semble pas prête de s'essouffler. La visibilité des femmes depuis les années quatre-vingt s'explique par la convergence de plusieurs facteurs: une prolifération de textes de fiction écrits par des femmes, dont les Nouvelles éditions africaines, Présence Africaine et L'Harmattan ont assuré en grande partie la publication; l'émergence de mouvements féministes à travers le monde; l'institutionnalisation des études féminines aux États-Unis; l'ouverture des critiques à la littérature féminine africaine par le biais des anglophones et de la littérature du Maghreb, une visibilité favorisée par des approches comparatives; une diversification des genres (plus d'autobiographie classique uniquement); les travaux récents d'anthologisation et de critiques[1].

Si l'on ne peut pas parler de véritable mouvement féministe, il est clair que les écrits de femmes des années 1980-90 sont animés par un désir commun de réévaluer le statut de la femme et de revendiquer, par la «prise de parole», une position contre les institutions patriarcales coloniales et post-coloniales. Féminine, cette littérature peut donc aussi être perçue comme féministe dans le sens où les femmes s'approprient un espace d'expression (Dalmeida) où dominent les thèmes du rapport au pouvoir, de l'expérience spécifique de la femme, des conflits qu'elle livre dans les sphères privées et domestiques, des moyens de résistance qu'elle met en œuvre (Volet, Cazenave). Il est à souhaiter que des études ultérieures mettent en relief le rapport possible entre les thèmes que véhicule cette littérature et les moyens formels mis en œuvre pour les exprimer. À ce titre seulement la littérature féminine pourra dépasser la fonction de témoignage qui semble aujourd'hui lui être presque exclusivement assimilée.

L'émergence de corpus nationaux

La reconfiguration géopolitique de l'espace colonial après 1960 a entraîné une reconfiguration du champ littéraire francophone qui va remettre en question l'approche globalisante (panafricaine, négro-africaine) de la littérature telle qu'elle a été pratiquée depuis le mouvement de la Négritude. Après 1960, à la convergence des préoccupations des colonisés se substitue une divergence de revendications identitaires vers l'affirmation de spécificités historico-culturelles de chacune des «aires» francophones. La quatrième et dernière transformation majeure de l'espace littéraire africain est celle par laquelle les auteurs sont regroupés sur la base d'une origine

---

[1] Voir aussi: Numéros spéciaux de *Notre Librairie* consacrés aux Nouvelles écritures féminines. En deux parties: partie 1. La parole aux femmes; partie 2. Femmes d'ici et d'ailleurs: l'état post-colonial. (nos 117, avril-juin 1994. Paris: CLEF et 117, juillet-spetembre1994). Laurence Maillefer et Loredana Marchetti. Littérature et femmes-auteurs d'Afrique francophone. Lausanne: Helvetas, 1988. Le numéro spécial de *Présence Francophone* (no. 36, 1990 (Sherbrooke: Quebec) intitulé «La littérature féminine francophone».

nationale commune, participant ainsi à la formation/revendication de littératures nationales distinctes sur l'ensemble du continent.

Aux Antilles, par exemple, (départementalisées depuis 1946), Edouard Glissant adopte une position différente de celle, panafricaine, d'Aimé Césaire, en proposant le concept d'antillanité, qui érige l'expérience de la Traite et la Plantation en fondements de l'identité antillaise moderne, insistant sur la particularité du contexte historique, social et topographique des îles antillaises. Dans le même temps, les régions francophones africaines accèdent au statut de nations. Alors que les Antillais, restés Français, débattent de formes d'aliénations qui leur sont propres, les Africains se trouvent désormais définis non seulement par leur appartenance à la «race noire», mais également par leur citoyenneté nouvelle. On assiste donc entre les années 1950 et la fin des années 1960 à un glissement sémantique par lequel l'idée d'une «littérature nationale» ne renvoie plus à un effort collectif des colonisés contre la domination idéologique européenne, mais à la production émanant d'entités géographiques distinctes, circonscrites par des frontières officielles (Mouralis).

Une des caractéristiques majeures des années quatre-vingt est l'émergence de corpus littéraires destinés à rendre compte de la production littéraire sur la base de la nationalité des écrivains. Numéros spéciaux de revues (*Notre Librairie*, *Research in African Literatures*), collections (Karthala, Bordas), panoramas, anthologies (Clavreuil, Chemain) se multiplient à partir des années 1980.

La question de la pertinence du concept de littérature nationale dans le contexte africain a donné lieu à un intense débat dont les termes restent, d'un côté comme de l'autre, problématiques. Tout d'abord se pose la question des critères présidant à l'inscription ou non de tel ou tel texte dans un corpus national. La question «Qu'est-ce qu'une littérature nationale?» est plus compliquée qu'il n'y paraît. Plusieurs critères peuvent être invoqués: une littérature produite par les nationaux d'un pays qui se réfère au pays, qui est lue par les habitants d'un pays; qui est produite dans un pays (Mouralis). Il semble cependant que la critique soit arrivée aujourd'hui à une définition consensuelle selon laquelle la littérature nationale est l'ensemble des textes produits par les nationaux d'un pays.

C'est le critique Adrien Huannou (1989) en particulier qui s'est fait fervent défenseur de la formation de corpus nationaux dans son ouvrage *La question des littératures nationales*. Son plaidoyer est organisé autour des arguments suivants: dans la tradition historiographique, toute nation occidentale possède «sa» littérature: la littérature française, anglaise, américaine, etc. Nier aux nations africaines l'existence d'une littérature qui leur serait spécifique reviendrait à nier non seulement l'existence d'une conscience nationale, mais la réalité même de ces nations. Autrement dit, à pays indépendant, littérature autonome. Les nations africaines ne doivent pas être l'exception méthodologique qui les maintiendrait en marge de l'historiographie. Reconnaître le caractère national d'une littérature signifie accepter la légitimité de l'espace qui la produit. Autre argument: le concept de littérature nationale permet de rendre compte de toute la production d'un pays, et pas seulement des textes écrits en langue européenne (Albert Gérard 1984). Ainsi, la littérature d'un pays donné rassemblerait la littérature écrite dans les langues officielles et les langues nationales africaines. De plus, elle englobait la littérature orale (orature). Enfin, il est impossible de comprendre l'œuvre en ignorant le contexte dans lequel celle-ci a été produite. Or, les formes de l'évolution d'une nation ainsi que le rapport du sujet à cette nation constituent un contexte historico-culturel indispensable à l'analyse du texte.

D'autres critiques appellent à la prudence: certains avancent qu'invoquer une littérature nationale constitue un «concept diviseur» qui pourrait nuire à la visibilité globale de la littérature et à la force des revendications identitaires africaines, au moment où, au contraire, la culture africaine doit présenter une sorte de front commun à l'hégémonie occidentale (Bely-Khenum). D'autres interrogent la pertinence de l'idée d'identité nationale dans un espace caractérisé par la pluralité des ethnies, donc par la variété des contextes culturels. Étant donné que le choix de faire figurer tel écrivain plutôt qu'un autre dans une anthologie repose au départ sur une préconception du caractère national d'une œuvre. Quels critères de représentativité/d'exemplarité président à la constitution du corpus? Qui sont les élus, qui sont les exclus, et pourquoi? Jusqu'à quel point peut-on dire qu'un roman, une pièce de théâtre, un recueil de poésies est plus «national» qu'un autre? (Ngal 1994). Pour d'autres, il existe un danger que le concept soit mis au service d'une idéologie nationaliste, voire de (re)constructions de caractère national au profit d'un projet politique dont la littérature deviendrait l'instrument officiel (Midihouan 1986).

Au-delà des termes du débat, la question des littératures nationales renvoie finalement à une question de méthodologie, c'est-à-dire de classification des textes et des auteurs en fonction d'un critère prédéterminé. Peu d'écrivains ont revendiqué eux-mêmes l'appartenance à une littérature nationale, ou exigé que leur texte soit lu à la lumière de traits identitaires nationaux. Le débat concerne les universitaires, directeurs de collections, enseignants, qui sont amenés soit à créer, soit à entériner des catégories épistémologiques inévitablement arbitraires. Une manière de couper court au débat serait de sortir de l'approche exclusive (de la rhétorique du «ou bien ... ou bien») et de refuser la fixité des affiliations possibles. Le débat me semble porteur dans la mesure où une approche nationale enrichit la portée des recherches littéraires. Comme le dit Huannou (1989:93):

> Les recherches sur les littératures nationales doivent être encouragées, parce qu'elles ouvrent des perspectives nouvelles et intéressantes, parce qu'elles sont stimulantes et fécondantes; elles contribuent à l'approfondissement continu du travail critique et répondent à la nécessité d'une spécialisation de plus en plus poussée qui s'impose dans toutes les disciplines scientifiques; elles permettent de lier davantage la littérature à l'histoire et à la géographie, au patrimoine culturel commun des auteurs.

Le débat est plus stérile lorsqu'il prend la forme d'injonctions dogmatiques et manichéennes par lesquelles une approche serait «bonne, africaine, valorisante», l'autre «mauvaise» parce qu'«eurocentrée, nivelante». Si l'on veut, par exemple, convoquer l'exemple des littératures européennes pour revendiquer une approche nationale, force est de constater que les littératures nationales européennes ne sont ni enfermées dans cette unique affiliation, ni passées systématiquement au crible de l'identité nationale. L'essor de la littérature comparée, entre autres, a permis d'ouvrir la critique littéraire à des approches qui dépassent les corpus nationaux.

Par ailleurs, en France, la présence d'auteurs africains et d'immigrés de toutes origines a forcé et force aujourd'hui encore à une constante reconfiguration du concept même de littérature nationale française. En Afrique comme en Europe, c'est de la multiplicité de ses affiliations possibles, à la croisée de différents espaces d'investigation que l'écrivain africain peut tirer le bénéfice d'une visibilité accrue. Autant le recours au concept de littérature nationale peut assurer à un auteur une légitimité, une fonction culturelle et un public plus spécifique que dans le cadre francophone ou panafricain, autant il peut s'avérer inopérant pour un certain nombre d'auteurs dont la fiction nie la détermination nationale. Comme pour la littérature féminine, le regroupement par nationalité ne devrait être pour les critiques qu'une étape stratégique à la fois vers la reconnaissance de dynamiques collectives spécifiques à un groupe et vers le repérage de créations esthétiques indépendantes de critères assignés.

Qu'est-ce qu'un écrivain africain?

Pour finir, après ce relevé des différentes identités que peuvent endosser les écrivains aujourd'hui en fonction des nouvelles catégories construites ou suggérées par les critiques, la question doit être posée: qu'est-ce qu'un écrivain africain aujourd'hui? La question est désormais un leitmotiv des colloques et entretiens avec les auteurs, et continuera sans doute à être débattue pendant longtemps. Dans les années cinquante, le grand débat était celui de la mission de l'écrivain négro-africain ou panafricain. Un demi-siècle plus tard, les termes ont changé, dans le sens où les préoccupations semblent davantage concerner la position d'un texte et d'un auteur que la fonction fondamentale de la littérature. Ce glissement est révélateur, car il témoigne de la difficulté à les situer dans un réseau d'identités de plus en plus complexe. Au désir d'unité panafricaine, puis d'engagement politique des décennies précédentes s'est substitué le questionnement de la place de la littérature africaine dans le monde, en particulier par rapport à l'ensemble de la production française/francophone. «L'africanité» du texte et ses implications idéologiques, commerciales et littéraires demeurent marquées par une oscillation constante entre le désir de revendiquer une spécificité culturelle, thématique ou historique, et la volonté pour cette littérature aujourd'hui riche de plusieurs générations d'auteurs de prendre place dans la littérature internationale.

Or, depuis la fin des années soixante-dix, la prolifération des structures éditoriales, l'arrivée de nouvelles générations—dont les femmes et les auteurs issus de l'immigration—les mutations politico-culturelles en Afrique, et les nouvelles formes de questionnement du sujet forcent sans cesse à repenser l'africanité comme critère déterminant. Quels critères, en effet, servent à identifier l'africanité d'un texte et de son auteur? Est-ce la nationalité de l'écrivain? Nombreux sont les écrivains du canon actuel de la littérature qui ont la nationalité française... Son «origine»? Son pays de résidence? Sa «race»? Les Africains non noirs sont en effet totalement absents des anthologies. Le décor choisi dans sa fiction? Les thèmes que sa poésie exploite? Les caractéristiques des personnages centraux? Le lieu de publication? À chaque réponse, il est possible d'opposer des exceptions qui font échec aux catégories. En effet, si la nationalité est le critère déterminant, comme le proposent les tenants de la «nationalisation» du champ littéraire, doit-on exclure les immigrés en Europe ou ailleurs? Si le décor, l'univers romanesque ou les thèmes déterminent l'africanité, doit-on alors inclure à la littérature africaine des œuvres dont les origines ne sont pas en Afrique, mais qui parleraient de l'Afrique? Celles-ci sont nombreuses en France, que l'on veuille y voir une continuité de la littérature coloniale ou non. L'intériorité est-elle alors nécessaire, et l'origine (la nationalité) africaine garantit-elle la vision intérieure?

La littérature africaine francophone est à un moment crucial de re-configuration à la fin des années quatre-vingt dix. Or, peu de critiques ont entrepris de théoriser à partir des apories et paradoxes que suggèrent les questions ci-dessus. Le défi majeur des critiques à venir sera de continuer à rendre compte d'une production en expansion croissante, tout en redéfinissant constamment les espaces littéraires au croisement desquels elle s'inscrit, y compris l'espace global de la littérature francophone.

Mutations et réécritures

Il est impossible de faire dans le cadre de cette courte étude l'inventaire des innovations formelles et langagières dont chaque auteur, en fait, peut revendiquer la primeur. Chaque texte publié entre 1980 et 1999 ajoute à la diversité du corpus en tant que tentative de dire, de représenter autrement, donc de proposer un imaginaire inédit. Le travail de sélection des équipes éditoriales revient en fait à cela: repérer ce qui, dans le style, la voix, les réseaux symboliques, l'organisation narrative ou le choix des personnages constitue l'originalité du texte proposé. C'est parce qu'il est unique «en son genre» que le texte sera publié, et sa singularité, par définition, se situe dans la relation qu'il entretient avec un corpus existant. Dès lors, comment rendre compte des innovations dans cette approche nécessairement globalisante qui est la nôtre? Le geste par lequel le critique identifie des continuités et des récurrences suppose un *a priori* méthodologique, dont les textes sélectionnés confirment le prédicat. Or, pour autant de textes qui valident la thèse d'une «tendance», il serait possible d'en trouver qui l'invalident. À partir de quand annonce-t-on une tendance par exemple? Deux ou trois romans suffisent-ils à conclure à une récurrence? Que faire d'un ensemble de textes caractérisé par la discontinuité? En l'absence de dénominateur commun, à quel chapitre les inscrire?

Les modalités de diffusion des textes affectent au texte africain une sorte de taux de visibilité qui, à son tour, en garantit ou non la représentativité dans les études critiques. Celle-ci n'échappera pas plus à l'aporie de la périodisation qu'à celle de la catégorisation thématique. Dans la mesure où le but de ce projet est d'aider le chercheur à «visualiser», si l'on peut dire, l'espace littéraire africain francophone, pratiquer une coupe transversale reste le seul geste possible, afin de faire ressortir quelques traits saillants d'une production textuelle.

Nous avons essayé, dans un premier temps, de rendre compte des différentes affiliations possibles des écrivains sur la base de leur identité, l'origine, la trajectoire, la génération, le genre (*gender*), ignorant par-là les ressemblances thématiques et formelles d'un groupe à l'autre. Une coupe transversale des thèmes, en revanche, servira à souligner des récurrences au-delà des catégories précédemment exposées. Mais où et comment se signalent les innovations dans les textes pris dans leur ensemble? Nous sommes, qu'on le veuille on non, prisonniers de l'opposition classique entre le fond et la forme, c'est-à-dire de l'opposition entre le genre et les thèmes. Or, où commence un genre et où finit un thème? L'amour, la quête identitaire, la politique, par exemple, relèvent-ils du thème ou du genre? Les procédés stylistiques déployés par un auteur pour exprimer un certain rapport au réel ne participent-ils pas conjointement d'une innovation formelle et thématique? Prenons le cas de *La Vie et demie* de Sony Labou Tansi, que l'on a rattaché à la fois au réalisme magique africain et à la dénonciation du pouvoir autocratique: est-il exemplaire d'une innovation formelle ou thématique? Est-il exemplaire d'une certaine tendance du roman à faire exploser la langue (formel) ou à déstabiliser la figure du dictateur? Les catégories, on le voit, sont poreuses, comme sont diffus les lieux de l'innovation.

Le concept d'innovation implique la localisation de spécificités par rapport à une tradition littéraire. Mais il peut prendre aussi une historicisation eschatologique de la production littéraire par laquelle on suggère une évolution vers une «maturité» projetée: de simple à complexe, de mimétique à singulière, de forcée à libre, etc. Georges Ngal (1994), par exemple, avance que la liberté (du ton, du style) caractérise la rupture des années quatre-vingt. On irait donc des années cinquante au présent, vers un affranchissement du sujet écrivant, posé comme condition de maturation/maturité de la littérature. C'est là me semble-t-il un des pièges de la périodisation: le présupposé évolutionniste qui ferait lire les textes dans l'optique d'une amélioration exponentielle à l'horizon de laquelle se dessinerait une littérature «arrivée», libre, totale. Or, dans toute littérature, c'est le constat d'une impossibilité fondamentale des mots à tout dire qui met chaque écrivain en situation de relais par rapport aux tentatives de ses prédécesseurs.

L'état des lieux proposé ici ne comportera pas cet aspect eschatologique qui tendrait inévitablement à diagnostiquer soit une régression, soit un progrès de la représentation littéraire. Plutôt que d'invoquer la créativité, ou la liberté, je choisirai comme vecteur d'analyse la réécriture. L'on sait depuis Barthes et Kristeva, entre autres, que tout texte est un intertexte. Que tout texte se situe à l'intersection de traditions culturelles, littéraires et historiques, et s'inscrit dans un réseau de relations avec d'autres textes préexistants. En invoquant une réécriture, j'entends ici exposer la manière dont un ensemble somme toute fini de genres et de textes se trouvent transformés par de nouvelles écritures. Comment, en d'autres termes, les prises de paroles que constituent l'un ou l'autre texte renvoient à un «dire autrement», à des re-présentations plutôt qu'à des maturations. Il s'agira donc de mettre en relief des inédits: ce qui n'a pas été dit, ni traité de cette manière auparavant. Quatre voies thématiques de réécriture et de mutation à savoir le rapport à l'Histoire; le rapport à l'espace; le rapport au corps et le rapport au langage.

Le rapport à l'Histoire

Avant de recenser les divers rapports à l'Histoire tels qu'ils ont pu être exprimés dans la période qui nous intéresse, il importe de rappeler quelques traits et illustrations de la problématique dans les pratiques littéraires des décennies précédentes. Que signifie, qu'a signifié réécrire l'Histoire dans le contexte colonial africain où la littérature écrite en Français commence à se faire connaître? Pourquoi parler de réécriture plutôt que d'écriture? En fait, si l'on accepte l'idée structuraliste que «tout texte est un intertexte», on doit de même avancer que toute écriture, en tant qu'elle produit un texte, est la réécriture d'autres textes. En termes post-structuralistes, l'Histoire ne pouvant être qu'une narration des événements du passé, et non pas «l'ensemble de ces événements» qui serait accessible dans sa forme pure, un examen du rapport des écrivains à l'Histoire s'articulera donc en termes de re-construction, c'est-à-dire en analysant le processus par lequel les textes assument, mettent en échec ou reformulent d'une manière ou d'une autre l'Histoire en tant que récit.

Les présupposés contenus dans le préfixe «re» renvoient dès lors à une compétition entre divers récits:

Il y aurait, d'une part, une Histoire constituée comme telle par un certain nombre de discours institutionnels, gouvernementaux, scolaires, religieux, littéraires, etc. Dans notre cas, une Histoire européo-centrée qui situe l'Afrique en dehors de l'Histoire, ou plus précisément, l'intègre à sa propre Histoire uniquement en tant que «manque» de cette historicité, qui, précisément, légitime la supériorité de l'Occident et le projet colonial dans son ensemble (on se référera aux deux études de Valentin Mudimbe, *The Idea of Africa* (1994) et *The Invention of Africa* (1988) s'il fallait s'en convaincre). L'Histoire est une représentation de soi et de l'autre doublement déterminée par le médium écriture, l'écriture étant le lieu où s'articule un discours sur l'historicité de soi et l'a-historicité de l'autre (Rousseau), et le mode privilégié par l'Occident réitère la centralité de son Histoire.

Qu'il s'agisse de manuels scolaires où se lit le fameux «Nos ancêtres les Gaulois», du canon des Belles-Lettres, de la Bible, de la philosophie des Lumières, de l'Encyclopédie ou de la littérature coloniale du début du vingtième siècle, le livre est le lieu privilégié de la construction de l'Histoire comme totalité, et des jeux pervers d'exclusion/régulation de l'expérience coloniale.

Il y aurait d'autre part une autre Histoire, supprimée par la précédente. La «vraie» Histoire de l'Afrique, enfouie, dispersée, perdue quelque part sous les couches d'acculturation et dont il s'agirait de ramener à la surface, comme dans un geste archéologique, la vérité essentielle. Une Histoire non recensée, mais ancrée cependant dans la mémoire collective et individuelle de sujets qui l'ont vécue ou en ont gardé les traces.

L'écrivain africain qui, dans les premières décennies du siècle se donne pour tâche de réécrire l'Histoire, entend donner présence à un ensemble d'événements et de récits jusque-là couverts par l'archive occidentale: en brisant la répétition du même; en minant la centralité de l'expérience européenne et en en faisant éclater la fixité; en pointant les distorsions, les silences, les limites du discours dominant; en proposant une autre interprétation de l'Histoire, c'est-à-dire soit une version du même, soit une redéfinition de ce qui constitue l'historicité. On pourrait avancer d'ailleurs que tout colonisé qui prend la parole dans un livre, comme les premiers intellectuels des années vingt à cinquante, «réécrit» l'Histoire, dans la mesure où il sape, par l'irruption qu'il fait dans l'espace discursif européen, le monopole de la représentation.

Réécrire, selon l'expression de Ross Chambers, revient dans ce sens à proposer des «contre récits». Dans le contexte de la littérature africaine plus précisément, le contre récit, en tant que récit posé en compétition avec le récit dominant européen, est censé faire entrer l'Afrique dans l'Histoire, ou si l'on veut, faire sortir l'Afrique et les Africains des marges de l'Histoire.

Cette démarche, qui fut celle de la Négritude, ne remet pas en question la validité du concept comme critère épistémologique déterminant. En littérature, la mission de beaucoup d'écrivains de la première génération (telle que, par exemple, ils l'ont exposée aux congrès successifs des écrivains et artistes noirs) a été de «répondre» à l'imaginaire colonial en reconstruisant une totalité du continent africain. Étant donné que le discours raciste et colonialiste de l'Occident se fondait sur la suprématie de l'Histoire comme signifiant primordial, les discours de la Négritude, par le renversement rhétorique que l'on connaît, vont situer le «nègre» dans une logique de l'historicité qui lui avait été refusée par le discours des sciences humaines occidental afin de prouver, pour être bref, la légitimité de la parole et du sujet africains en vertu d'une historicité attestée par la «venue à l'écriture». Comme de nombreux critiques l'ont souligné, chez Césaire comme chez Senghor, la revalorisation de l'âme nègre passe par un déplacement des centres et valeurs épistémologiques, par l'affirmation d'un nouvel épistème, certes, mais non par un refus des présupposés logocentriques (Soyinka, Towa, Adotevi).

Pour la Négritude, il existe une «âme», localisable dans un passé pur (une succession d'événements constitutifs de l'essence) que les mots (le livre) du poète, du romancier ou du dramaturge ont le pouvoir de rendre intelligible à l'Europe et à l'Afrique. Il est possible, en d'autres termes, de combler le manque (l'absence, la perte) ontologique d'Histoire en tentant de recouvrer, par la réécriture, une totalité fondatrice. C'est ce qu'Edouard Glissant appelle, renvoyant aux travaux du psychanalyste Lacan, le «désiré historique», qui caractérise selon lui non seulement les Antillais, mais tout peuple ayant vécu le traumatisme d'une rupture épistémologique.

Outre la poésie de la Négritude et la transcription de corpus oraux en Français, la littérature des années soixante-dix est un dernier lieu où examiner le rapport à l'Histoire, avant d'en venir aux années quatre-vingt. Dans le domaine du théâtre, Conteh-Morgan observe une véritable obsession des dramaturges francophones pour les figures historiques pré-coloniales, et en particulier les héros de la résistance aux conquêtes coloniales. Effectivement, les pièces de Bernard Dadié, Jean Pliya, Cheikh Ndao, Seydou Badian ont en commun de mettre en scène des personnages historiques réels, de Behanzin à Chaka, en passant par Béatrice du Congo et le héros haïtien Toussaint L'Ouverture. Comme le remarque très justement Conteh-Morgan, le traitement de ces figures héroïques dans l'espace théâtral est souvent «célébratoire et commémoratif»: le recours à l'Histoire a pour fonction la glorification de figures de type mythique. Si pour la Négritude réécrire l'Histoire a pris la forme d'un travail de cartographe («La géographie de mon sang répandu» disait Césaire), pour les conteurs modernes celle d'une entreprise de traduction/translation, pour les dramaturges jusqu'aux années soixante-dix réécrire l'Histoire a surtout pris la forme d'une résurrection positive du personnage historique et de ses accomplissements.

Un autre exemple de cet attachement à l'idée qu'il existe une vérité stable et accessible dans sa forme pure est celui de la transcription du corpus oral africain. Celle-ci a pris la forme, à partir des Indépendances, d'un recensement de la tradition orale dans plusieurs pays. Elle a donné lieu à des transcriptions d'épopées, de contes, de mythes, de chansons, et de récits divers pris en charge soit par des équipes scientifiques, soit par des écrivains individuellement (Kagame, Amadou Hampaté Bâ, Nazi Boni, Birago Diop, Bernard Dadié, Tchicaya U Tamsi, ou Djibril Tamsir Niane). D'un point de vue plus littéraire qu'ethnologique, la traduction/transcription participe d'une volonté similaire de réécrire l'Histoire, à partir du postulat de vérité historique, et ce par opposition à la facticité des récits et contre récits écrits. Réécrire revient encore ici à invoquer une sorte de physicalité de l'Histoire, mais cette fois dans un matériau oral déjà unifié en patrimoine, et dont il s'agirait de translater la «teneur en authenticité» dans une narration écrite.

De ce rappel des manières dont les auteurs africains ont exploité le matériau historique depuis la Négritude se dégagent plusieurs observations. D'abord, la position de contrepoint à l'historiographie européenne est constituante de la prise de parole du colonisé. Ensuite, la revendication identitaire panafricaine, puis nationale a largement puisé dans les ressources de l'orature afin d'en dégager des figures et récits fondateurs que l'écrit se charge de «transformer en Histoire», ou plutôt, auxquels l'écriture affecte le statut de permanence. Enfin, le signifiant «Histoire» conserve sa primauté en tant que promesse d'accès à une vérité cachée.

Ces problématiques sont-elles toujours aussi vivaces après 1980? Y a-t-il un moyen de repérer à partir du rappel ci-dessus un ou des modes spécifiques d'exploitation du matériau historique?

Nous allons tenter, dans ce qui suit, une typologie du corpus francophone en fonction de la manière dont les auteurs présentent et re-présentent l'Histoire. Trois types se dessinent, correspondant à trois conceptions du rapport entre écriture/Histoire telles que les textes les suggèrent: une conception classique; une conception moderne, et une conception plutôt post-moderne. Ces termes se réfèrent moins à des structures (poétiques, narratives) qu'à des projections de la manière dont les écrivains conçoivent la «vérité» historique et leur capacité à la signifier l'Histoire.

Seront mis sous la rubrique «classiques» des textes qui supposent une adéquation entre le signifiant et le référent, c'est-à-dire qui témoignent d'une certaine foi en la capacité du signifiant à représenter; sous la rubrique «modernes», ceux qui reconnaissent le caractère éclaté du réel, tout en gardant intacte cette foi; la question se posera finalement de savoir quels textes peuvent être mis sous la rubrique «post-modernes». Il est clair que les catégories ici se chevaucheront, à la fois parce que les critères formels ne sont pas exclusifs (un texte donné peut présenter simultanément des caractéristiques de deux, voire trois formes), et parce que d'un texte à l'autre, un auteur peut faire des choix radicalement différents.

Première constatation: la pratique de la transcription de la littérature orale à l'écrit constitue aujourd'hui encore l'une des formes de réécriture les plus florissantes. Le titre de la collection «Les classiques africains» chez Armand Colin est en ce sens révélateur, et appelle la question suivante: ces textes étaient-ils «classiques» dans l'oralité ou sont-ils devenus classiques par leur passage à l'écrit (au Français)? On lira à ce sujet les directions critiques que propose Alain Ricard dans *Littératures d'Afrique noire*, où il réexamine de manière minutieuse les jeux d'amalgames sémantiques entre «tradition», «héritage» et «oralité», proposant notamment de relire l'acte de «transcription» comme une *écriture* (avec toutes les altérations, arbitraires et reformulations esthétiques que cela implique) plutôt que la restitution d'une vérité transcendante déjà présente dans la tradition orale. On retrouve souvent dans les préfaces à ces recueils l'expression «recueilli de la bouche de...», comme si seule la «vérité» pouvait sortir de la bouche du conteur, du griot, ou du vieillard.

Cette translation, le passage de l'oral à l'écrit, a souvent été rattachée à la question de la sauvegarde. On a beaucoup ressassé la phrase d'Amadou Hampaté Bâ «Chaque vieillard qui meurt, c'est une bibliothèque qui brûle», sans toujours poser en termes de «désir historique» le transfert de sacralité du vieillard au livre. Or, l'écrivain qui transcrit des contes, (dont d'ailleurs Bâ est l'un des plus notoires) témoigne par ce geste et dans les choix stylistiques qu'il opère d'une foi inébranlable d'une part en la capacité de la parole à embrasser l'Histoire de manière objective, et d'autre part, en le pouvoir du transcripteur de déplacer d'un registre (oral) à l'autre (écrit) cette supposée unicité, tout en la gardant intacte.

Les analyses de Ricard quant au statut du transcripteur dans la production—écrite—de la littérature orale des années 1950-60 devraient ouvrir la voie à de nouvelles approches du processus de réécriture du passé tel qu'en témoignent les nombreux recueils de contes et de fables qui sont publiés par des écrivains africains aujourd'hui. Il faudrait aussi, dans une étude plus vaste, tenir compte des hiérarchies déterminantes entre les formes. L'épopée, la geste, ou le conte étiologique sont présentés comme récits fondateurs et ont été transmis, oralement, comme émanant d'une autorité officielle (voir le travail de Kesteloot sur l'épopée traditionnelle, Nathan 1971). D'autres formes orales ne bénéficient pas à l'origine, du même statut que les récits, disons, pris en charge par les maîtres officiels de la parole des grands royaumes précoloniaux.

Au vu du nombre toujours croissant de transcriptions, ces questions doivent être creusées afin de rendre compte de la complexité du transfert d'autorité entre la figure ancestrale du griot ou du conteur populaire et celle de l'écrivain moderne.

Toujours vivace aussi, la poésie qui chante les valeurs ancestrales africaines témoigne d'une foi en l'authenticité (Tadjo, Barthélemy Kotchy, Diabaté), et le roman de type historique qui se pose explicitement en contrepoint au récit européen (Kourouma), le théâtre célébratoire des héros précoloniaux ou de l'indépendance (Pliya). On retrouve chez des auteurs plus jeunes (Gaston-Paul Effa) un attachement similaire à la tradition ancestrale.

Les années 1980 marquent un moment de rupture dans la mesure où réécrire l'Histoire renvoie à l'Histoire contemporaine. Nous sommes ici toujours dans une logique du récit/contre récit, à la différence près que les grands récits auxquels les nouveaux «contre récits» vont s'opposer sont ceux du totalitarisme post-colonial.

Ainsi, les romans de la dictature peuvent se lire comme des contre récits historiques destinés à saper l'autorité/l'autocratie de la post colonie. Dans cette catégorie des réécritures modernes de l'Histoire se situent la plupart des fictions centrées sur le personnage du dictateur. On a beaucoup souligné cette omniprésence de l'autocrate dans les années quatre-vingt. Omniprésent dans le réel, sa figure «démesurée» domine également l'univers de la fiction. Dans les années quatre-vingt, l'appareil idéologique/répressif de l'autocrate remplace à la fois celui du colon et des intellectuels des indépendances. Le corps de l'autocrate devient le site privilégié des discours de contestation chez un grand nombre d'écrivains et dramaturges (*Le Pleurer-rire* d'Henri

Lopes, *Les Crapauds-brousse* de Tierno Monenembo, *La vie et demie* de Sony Labou Tansi, *Le président* de Maxime Ndebeka). Pour l'écrivain, il s'agit avant tout de démystifier le caractère «providentiel», «messianique» du dictateur, de refuser donc la prise en charge de l'Histoire et de la nation par les dictateurs. Il s'agit d'une réécriture qui s'articule sur le mode de la compétition: d'un côté, l'écrivain dénonce (par le grotesque) le règne du dictateur comme fiction déployant tout un appareil de manipulation de l'imaginaire. De l'autre, il construit sa propre fiction, souvent prise en charge par un héros de type révolutionnaire, ou en tout cas qui résiste à la fiction de la dictature.

Il n'en reste pas moins que la dénonciation de la dictature postcoloniale telle qu'elle est exprimée dans ces textes repose sur la prise en charge de l'Histoire par un héros. En cela, la vision est moderne. Elle ne diffère pas, dans ses présupposés, de celle des romans réalistes engagés, dans lesquels la prise en charge du changement, de la résistance, de la révolution, est renvoyée soit à l'écrivain, soit à des héros (uniques ou multiples) qui en sont les porte-parole.

Le théâtre de la satire des années quatre-vingt fonctionne sur le même modèle discursif. Que fait la satire? Comme le grotesque romanesque, la satire théâtrale (par la caricature, l'exagération, le ridicule, l'ironie) expose les vices et abus sociaux d'une société, en suggérant en retour un discours sur le bien. Elle met en relief le mal pour faire apparaître le bien. En ce sens, elle propose aux lecteurs/spectateurs une autre interprétation de la société et de ceux qui la dirigent. Comme le roman de la dictature, les satires théâtrales déstabilisent la monumentalité des figures du pouvoir; elle leur refuse, en les diabolisant, le monopole du discours historique par la mise en scène d'un autre réel: celui de la résistance par l'imaginaire (Sony Labou Tansi, Tchicaya U Tamsi).

Bien qu'ils s'appuient sur des techniques narratives qui fragmentent la réalité, ces dramaturges romanciers continuent à investir l'écriture d'une certaine valeur: le rôle de l'écrivain reste celui de re-présenter une vérité historique, quand bien même elle est reconnue dans sa multiplicité. Ces textes relèvent d'une écriture «moderniste» dans la mesure où ils sont caractérisés par la fragmentation. Dans le roman, en particulier, les codes du roman classique (omniscience, personnages, linéarité, clôture) sont plus ou moins brisés, et, finalement, c'est la multiplicité des perspectives qui s'impose. Il s'agit d'une écriture engagée à articuler, devant le spectacle d'un réel éclaté, une herméneutique de l'événement historique, dans le sens où l'écriture moderne ré assemble les morceaux du réel et de l'Histoire en même temps qu'elle en souligne l'incohérence, offrant par-là une alternative à ce qu'on a appelé «la désillusion», «le désenchantement», «l'angoisse» post coloniale. Dans ce geste, l'autorité organisatrice de l'écrivain n'est jamais trop loin, qui pointe pour les lecteurs l'historicité du récit.

Entre la volonté de transcrire la fragmentation et la tentation du linéaire, de nombreux écrivains demeurent prisonniers du paradoxe que souligne le critique Sewanou Dabla (1986):

Pourtant le souvenir des débuts littéraires africains resurgit dans ces textes actuels et, chez V.Y. Mudimbe comme chez William Sassine demeure le désir évident de raconter une histoire édifiante, de transmettre un message. Même les écrivains qui, comme Boubacar Boris Diop ou M.A. Fantouré, s'en prennent à la littérature, ne parviennent pas à se retenir de narrer, et les récits secondaires qui se bousculent dans leur œuvre prouvent bien que le roman, s'il peut intégrer quantité d'éléments hétérogènes ou de projets littéraires, ne saurait se libérer de l'histoire ... Aussi paradoxal que cela puisse paraître—compte tenu de leur attitude par rapport à la Négritude—nos auteurs continuent d'assigner à leur écriture une fonction d'information ethnologique, sans néanmoins donner dans l'éloge exalté, comme s'il était toujours question de défendre et d'expliquer des spécificités culturelles à des étrangers (114-115).

Par ailleurs, la mission fondamentale d'inscrire l'Histoire dans une mémoire collective revêt un autre aspect que le retour aux valeurs ancestrales ou la dénonciation. Il s'agit aussi, pour certains, de scruter un passé beaucoup plus récent, comme celui de l'Apartheid ou des guerres civiles de la fin de ce siècle. Le déchirement des populations dans la guerre civile au Congo, par exemple, inspire le poète Alain Mabanckou. Plus récemment, il faut mentionner l'initiative d'un collectif d'écrivains baptisée «écrire par devoir de mémoire», qui s'est rendu au Rwanda dans le but explicite de produire des textes sur le génocide. L'écriture, pour ces écrivains (Tadjo, Waberi, Monenembo, Boubacar Boris Diop) se met au service de la cartographie des lieux de mémoire du continent africain, au-delà des nationalités. Ces textes demeurent du côté du moderne, dans le sens où la confiance en les mots n'est jamais totalement perdue.

En revanche, dans les écritures plutôt post-modernes, la possibilité même de saisir l'événement semble niée, de même que la valeur de l'événement. Ce type d'écriture conçoit l'Histoire comme quelque chose qui ne peut pas être représenté. Dans le texte postmoderne, c'est au lecteur de décider de ce qui s'intègre ou non à l'Histoire. L'essentialité de l'Histoire n'étant pas assignée au préalable à une forme ou une autre d'événements ou à telle ou telle figure, celle-ci ne se situe ni à l'arrière-plan, ni au devant de l'expérience quotidienne. La quotidienneté, le «banal», le «local» et les personnages grandeur nature qui y évoluent disent et font l'Histoire, autant que les héros du théâtre et du roman dits engagés. S'il y a une écriture postmoderne à identifier, elle serait dans la pratique de l'intertextualité, qui établit des liens entre l'Histoire contemporaine et l'Histoire coloniale et précoloniale, intégrant dans un discours présent un réseau de textes fictifs et officiels. Boubacar Boris Diop, par exemple, dans *Le temps de Tamango* (1981), prend comme intertexte le *Tamango* de Mérimée, pour réécrire la Traite et la centralité de Gorée. Dans l'ensemble cependant, la littérature africaine francophone reste soit classique, soit moderne. Les incursions dans le style postmoderne sont rares (Tadjo, Liking, Bessora), quoi qu'il est à prévoir que les générations futures s'y prêteront plus volontiers.

Le rapport à l'espace

S'il faut identifier un espace dominant ces vingt dernières années, ce sera sans conteste l'espace urbain. Le thème de la ville n'est pas nouveau dans la littérature africaine francophone (voir Roger Chemain *La ville dans le roman africain*). Ce qui est nouveau aujourd'hui c'est la représentation de la ville en tant qu'espace autonome.

On peut dire, suivant les analyses qu'en a faites Mohamadou Kane dans *Roman africain et tradition*, qu'avant 1980, les représentations de la ville étaient marquées par la binarité. L'espace urbain se concevait dans une relation oppositionnelle à l'espace rural, comme dans les nombreux romans de formation axés sur l'opposition entre modernité et tradition. La thématique dominante était alors celle du passage problématique du village à la ville. Chaque espace se voyait assigner une série de valeurs symboliques: le village symbolisait l'authenticité, la tradition ancestrale, la case, et le collectif en général. La ville en revanche renvoyait à la modernité, au béton, à l'administration coloniale, et à l'individualisme.

Ces séries d'oppositions binaires impliquaient pour le sujet, selon les romans, une difficile, voire impossible négociation du conflit entre la tradition et la modernité que le passage d'un espace à l'autre exacerbait. La distance entre la ville et le village donnait aux romanciers l'occasion de parcourir, avec leurs héros respectifs, les diverses formes d'aliénations du sujet colonisé. Leur discours, la plupart du temps, présentait la ville comme lieu du vice et de la perdition, alors que le retour à l'espace ancestral constituait une réconciliation du sujet avec son environnement. Lorsqu'il n'avait pas lieu, le parcours se soldait, bien souvent, par la folie ou la mort. On constate ainsi de nombreux romans dont la structure cyclique met en parallèle le mouvement individuel des personnages et la trajectoire historique d'une Afrique en train de négocier son passage à la modernité.

Toujours de manière binaire, d'autres romans dont l'intrigue est ancrée strictement dans les limites de l'espace urbain s'attachent à montrer la ville (post)coloniale «coupée en deux» dont Fanon (1961) a examiné les dynamiques dans *Les damnés de la terre*. *Le Vieux nègre et la médaille* (Oyono 1972) revient comme l'une des illustrations les plus marquantes de cette binarité. Ici, c'est moins la confrontation modernité/tradition que la gestion des rapports entre colonisés et colons qui prime. Plus tard, dans les textes des années soixante-dix, l'opposition colon/indigène cède souvent la place à celle entre les élites africaines et le peuple. Des textes comme *De Tilène au Plateau* de Nafissatou Diallo (1975), par exemple, mettent en relief les différences entre la condition des élites et celle du peuple, tout en soulignant à quel point l'héritage de la topographie coloniale reste déterminant. La ville, qu'elle soit identifiée ou non, reste bien souvent «coupée en deux».

Tout comme la voix narrative et les perspectives éclatent dans la fiction des années quatre-vingt, la représentation de l'espace change vers davantage de fragmentation. À la vision manichéenne de la ville s'ajoute une exploitation de la diversité. On notera d'abord que le thème du «passage» du village à la ville disparaît, en tout cas dans sa fonction de voyage initiatique. La ville et le village sont devenus des espaces autonomes, où chacun doit trouver le moyen d'y faire sa vie, qu'il soit citadin à l'origine ou non.

Progressivement, la problématique majeure de la ville s'articule en termes de centre et de périphéries. Ce glissement dans la représentation colle à la réalité de l'évolution des villes africaines ces dernières années. En effet, à la suite de la croissance extrêmement rapide des villes depuis la deuxième guerre mondiale—on parle de véritable «explosion urbaine»—et particulièrement ces trente dernières années, les capitales africaines se sont aujourd'hui transformées en villes tentaculaires, ou mégapoles, à forte densité de population. De nombreuses études sociologiques ont attesté de ce phénomène (Simone).

À la fin des années 1980, la littérature rend compte elle aussi de cette évolution. La topographie urbaine est désormais caractérisée par un réseau de différents quartiers, organisés de manière plus ou moins ordonnée autour d'un centre. Ceci est une des caractéristiques les plus frappantes de la représentation de la ville: l'exploration du «quartier» populaire, par opposition à la ville prise dans sa totalité. Ainsi, dans des romans très récents comme *La Polka* de Kossi Efoui, le lieu central est un bar de quartier où se rencontrent les personnages principaux et où se diffusent toutes les rumeurs. Dans *Balbala* de Abdourhamane Waberi, le décor est «le gros bidonville de tôles et de rocailles qui s'étend au sud de la capitale» de Djibouti. Dans *Notre Pain de chaque jour* de Florent Couao-Zotti, les «bas-fonds» de la ville constituent aussi le décor central.

Dans tous ces textes, et bien d'autres, la réécriture de la ville s'attache à dévoiler des réalités cachées. Le regard de l'écrivain fait accéder les lecteurs à un autre espace, une autre réalité urbaine, en redonnant une place centrale à des lieux de production périphériques. Le quartier y est à la fois montré dans sa marginalité et revendiqué comme participant de l'urbanité des années quatre-vingt-dix, au-delà des centralités assignées. Quantité de textes des années quatre-vingt-dix entendent rediriger le regard vers d'autres réalités constituantes des réseaux urbains contemporains. La réécriture de la ville, ici, comme la réécriture de l'Histoire, offre un démenti. Elle ne «s'arrête pas aux beaux quartiers» comme le regard du visiteur, mais va chercher les vies qui se logent «derrière l'image», derrière la carte postale. Elle interroge aussi la modernité de la ville, en forçant à une réévaluation: si les bidonvilles ne sont pas modernes, que sont-ils? Ils ne sont pas traditionnels non plus. Ils signalent une autre modernité, une modernité du bricolage et de la fragmentation.

Parallèlement, le recentrement sur le local fait apparaître tout un tas de personnages jusque-là relégués aux marges de la fiction. Même si de tels personnages traversaient parfois la fiction ou le théâtre, ils semblent accéder dans les années quatre-vingt dix à un statut privilégié. On note en particulier la récurrence de prostituées, maquereaux, trafiquants, enfants des rues (Dieng, Aicha Diouri), mendiants, drogués, etc. (Couao-Zotti, Waberi, Dieng, Bolya, Karone).

Le quartier populaire semble bien s'être substitué au village comme source d'inspiration de nombreux écrivains. Comment interpréter cette récurrence au-delà de la constatation évidente que la fiction suit le réel? Le bidonville est-il devenu le lieu par excellence où interroger l'identité africaine? Les auteurs ne sont pas pour la plupart originaires des bidonvilles (excepté Dieng), je dirais au contraire. Si la récurrence des espaces marginaux témoignent, sans aucun doute, des mutations démographiques du siècle et des préoccupations africaines quant à la possibilité de les réguler, elle instaure également un nouveau type de réalisme: la «réalité» à saisir est précisément située dans le local, et pas n'importe quel local. Le local populaire. Cela suggèrerait l'émergence d'un nouveau populisme par lequel les écrivains érigent le local populaire en site privilégié de signification et d'interprétation du réel. C'est là que se situerait la créativité de l'Afrique, c'est là aussi peut-être—ou paradoxalement—que se liraient les signes de l'espoir.

Car, comme le souligne Maliq Simone, si la ville reste le lieu de la surveillance et des conflits, elle est également «une modalité productive destinée à gérer une fluidité continuelle dans la composition des individus et des choses, et dans leurs rapports. Ainsi, même dans la spirale apparemment descendante de la qualité de la vie—probablement la connotation la plus répandue de la ville africaine—d'autres phénomènes se produisent avec des significations et des perspectives polyvalentes, produisent des futurs et des résultats parallèles, parfois liés, parfois sans aucun rapport les uns avec les autres.» (3)

En se recentrant sur les «quartiers», les fictions de la ville des vingt dernières années signalent la ville comme lieu de circulation: entre autres, circulation des corps, des biens, de l'information, de l'imaginaire. À l'intérieur même de l'espace urbain, de nouvelles frontières sont constamment tracées, constamment traversées. Nous sommes loin du Meka du *Vieux Nègre et la médaille* emprisonné pour avoir transgressé les limites de la cité blanche. Dans de nombreux textes, cette fluidité que constate Simone est vécue comme un atout par des personnages conscients des assignations spatiales, et du potentiel à tirer de la polyvalence urbaine. L'univers urbain ne semble plus être le lieu de la perte ni de l'aliénation. Au contraire, il est le lieu d'une quotidienneté créatrice, où évoluent des personnages en train d'exister, inventant des issues, de nouveaux langages, de nouvelles identités.

L'exploration de la ville européenne se recentre elle aussi sur le quotidien des quartiers périphériques. Comme je l'ai dit plus tôt dans le chapitre sur les écrivains «issus de l'immigration», la ville, c'est aussi Paris, où beaucoup vivent ou ont vécu en exil. Mais là encore, la représentation de Paris a changé. Dans le roman africain jusqu'aux années soixante-dix, le protagoniste est généralement victime de la ville et de ses pièges (Mohamadou Kane). Aujourd'hui, les textes montrent que la conception du projet de voyage a changé parce que le contexte historique est différent. Dans les années 1990, l'immigration africaine a désormais une histoire couvrant plus d'un demi-siècle: d'une part, la migration en France est relativement banalisée, et de l'autre, le mythe de la France s'est consolidé, élaboré au cours des années par les multiples migrations et retours. Le «chemin d'Europe», encore extraordinaire du temps des Oyono et Ake Loba, est désormais un chemin pavé des traces de quantité de prédécesseurs, réels comme littéraires.

Les années quatre-vingt-dix portent la marque d'un déplacement significatif du centre parisien vers les banlieues, mouvement similaire à celui qu'on remarque concernant la ville africaine. La capitale française reste le lieu de projections mythiques (la Tour Eiffel, les Champs-Élysées), c'est le Paris des prolétaires et sous-prolétaires que mettent en scène ces nouveaux auteurs (Calixthe Beyala, Daniel Biyaoula, Bolya Baenga). Immigrés, étrangers, clandestins, négropolitains, beurs, Blacks, ont remplacé les sages et torturés étudiants. Du coup, les représentations de Paris privilégient elles aussi les espaces périphériques: tout comme le réel africain se lit dans le quartier, la réalité de la migration se situe en banlieue, dans les quartiers populaires de Paris, dans les squats ou dans les foyers d'immigrés.

En outre, le rapport de ces nouveaux migrants à l'espace se distingue de celui des prédécesseurs dans la mesure où la thématique de la «perte» (culturelle et physique) semble céder la place à une représentation dans laquelle le sujet contrôle l'espace à conquérir. Il en connaît les contours, où rencontrer ses compatriotes, où faire des affaires, où prendre le métro, etc. L'expérience en France, en d'autres termes, a été «naturalisée» par une histoire de la migration, dont il n'est plus le pionnier, de sorte que la question est moins d'affronter un inconnu que d'appliquer des stratégies d'appropriation de l'espace. En ce sens, le nouveau migrant tel qu'il apparaît dans la littérature d'aujourd'hui, contrairement aux premiers «étudiants noirs», sait «naviguer» dans l'espace urbain.

Il faut noter pour finir d'autres transformations de la thématique de la migration. D'abord, la métropole reste la destination majeure, la France n'est plus le seul «ailleurs». Romanciers et dramaturges ouvrent aujourd'hui leurs fictions à d'autres «ailleurs». Les trajectoires relativement figées des années soixante dans l'unique occurrence Afrique-Métropole européenne éclatent vers d'autres espaces. À l'intérieur de ce que Paul Gilroy a appelé «l'Atlantique noire», de nouveaux passages se dessinent: les Antilles (Lopes), les États-Unis (Lamine Diakhaté, Lucio Mad). De même, la fiction de ces deux dernières décennies commence à rendre compte de migrations interafricaines, notamment vers l'Afrique du Sud (Boni, Mordisi).

Tous ces textes attestent du fait que l'espace africain devient un lieu d'immigration, c'est-à-dire, non plus uniquement un lieu que l'on quitte, mais un espace national dans lequel «font irruption» d'autres Africains. Ainsi, la fiction rend compte aussi de mouvements migratoires intercontinentaux et commence à problématiser la question de l'Autre. L'Autre, ce n'est plus moi, c'est un autre Noir, un autre Africain avec qui il s'agit de partager l'espace. Les textes sont encore rares qui explorent les modes d'une xénophobie africaine dont les politiques gouvernementales de certains pays ont largement fait la preuve. La question déjà abondamment discutée dans les sciences sociales de la migration intercontinentale mérite d'être soulevée dans la littérature africaine. Et cela sans se limiter nécessairement à la production de ces dernières années.

La littérature africaine francophone abonde de personnages qui traversent ou ont traversé des frontières nationales. Même en filigrane, la question de la différence a toujours été posée aussi en dehors de la différence «raciale». Comment, par exemple, la littérature sub-saharienne rend-elle compte de la présence d'hommes et de femmes originaires du Moyen-Orient, d'Asie, du Maghreb, de Grèce ou d'autres pays d'Afrique? Quels stéréotypes, quels préjugés sont déjà en place? Quelles constructions de la différence ethnique sont à l'œuvre?

L'imaginaire de la ville a bien changé depuis les années soixante-dix, au point que les réseaux symboliques se sont inversés. De la perte de l'identité africaine (située au village), elle est devenue le symbole d'une africanité réaffirmée. Nombre d'auteurs ont érigé le quartier périphérique (africain ou français) en site privilégié de la créativité. Créativité de l'auteur qui y puise une inspiration renouvelée, et créativité des personnages victimes de la crise qui réinventent sans cesse les moyens de ne pas s'y laisser réduire. Par rapport aux décennies précédentes, c'est ce glissement d'un discours de l'essence à un discours de l'existence qu'il faut signaler en priorité. S'éloignant des représentations binaires, la production de ces vingt dernières années expose indéniablement la diversité de l'espace urbain. Cependant, il est important de continuer à repérer d'autres fragmentations, d'autres manifestations de la différence à l'intérieur de ces nouveaux espaces. Opposer le quartier à la ville continuerait à relever de la vision manichéenne, ou pourrait devenir le support d'une littérature populiste—qui s'opposerait simplement au discours dominant—si l'on ne rend pas compte des relations des marges entre elles implicites dans cette nouvelle configuration de l'espace africain.

Le rapport au corps

Le peu de place accordé à la thématique du corps dans les travaux des critiques ces trente dernières années est surprenant, tant le corps a joué et joue toujours un rôle fondamental dans l'expression des subjectivités africaines en littérature. Lorsqu'il a donné lieu à des études, c'est le corps de l'Africain dans la littérature française qui est examiné. C'est par exemple la perspective des analyses imagologiques de Léon-François Hoffmann (*Le Nègre romantique*), Fanouh-Siefert (*Le mythe du Noir*), ou Chalaye (*L'Image du Noir dans le théâtre*), qui ont en commun de recenser les processus par lesquels l'altérité du corps africain est inscrite dans un corpus littéraire européen. Peu de tentatives ont été faites pour sortir le corps africain de cette altérité, en examinant par exemple les évocations du corps chez les auteurs africains, où il ne s'oppose pas toujours, et de moins en moins ces dernières décennies, au sujet européen.

Le corps africain n'est pas, en dehors du discours de l'altérité, un sujet de discours critique autonome. On peut avancer quelques hypothèses quant à cette absence: 1) le malaise d'une critique occidentale africaniste peu encline à spéculer sur un thème historiquement «tabou» car sujet au soupçon d'exotisme; 2) le désintérêt d'une critique littéraire africaine enfermée jusqu'aux années 1970 dans des approches de type structuraliste; 3) l'absence de textes centrés sur une problématique du corps, ou du moins dans lesquels les thématiques liés au corps sont évidentes; 4) le lien étroit entre la représentation du corps et la question de la sexualité, qui exacerbe peut-être, de part et d'autre, les réticences des critiques.

Or, si sa visibilité s'est indéniablement accrue ces dernières décennies, le corps a toujours été présent dans l'univers littéraire africain. Bien qu'il y apparaisse de manière plutôt ponctuelle, l'exploitation littéraire qu'en ont fait les auteurs sont suffisamment nombreuses pour mériter une étude à part entière. Le corps n'est pas séparé, même en dehors du discours littéraire. Même s'il n'est pas placé au centre des récits ou poèmes—ce qui reste à prouver—il participe de l'élaboration générale d'un imaginaire particulier, par l'intermédiaire d'évocations et de descriptions plus ou moins directes qui conditionnent l'interprétation autant que les «messages» plus explicites. À la limite, même son absence peut être lue comme le signe d'une occultation révélatrice.

Dans les pages précédentes, nous avons parlé de réécriture à propos de thèmes de l'espace ou de l'Histoire, qui sont désormais des *topoi* de la littérature africaine. Le cas est un peu différent en ce qui concerne la représentation du corps, dans la mesure où il s'agit d'un thème dans l'ensemble occulté par la critique, mais que les textes des vingt dernières années nous forcent à reconsidérer, si l'on peut dire, rétrospectivement. Il est temps en effet de regarder de près les jeux d'apparition/disparition du corps africain dans la littérature, et ce, non seulement dans la production de ces dernières années où il se montre plus volontiers, mais aussi, dans une perspective diachronique, depuis les débuts de la littérature africaine.

Par conséquent, avant d'examiner les transformations qu'apportent les années quatre-vingt, un court bilan s'impose. Il est impossible ici de faire état des représentations singulières du corps. Il est possible, en revanche, de relever quelques figures récurrentes, qui permettront de mieux saisir l'évolution des rapports entre corps, imaginaire et discours, et de suggérer le cas échéant des directions de recherche afin de mieux appréhender la pertinence et la complexité de la présence du corps en littérature.

Pour commencer, une série de métonymies (figure de style par laquelle la désignation d'une partie sert à signifier le tout) sautent aux yeux dans les premiers textes francophones. Un ensemble de parties du corps ont en effet joué la fonction cruciale de renvoyer au corps tout entier, et par-là, à la représentation du sujet africain. La plus fréquente est celle de la peau, posée à l'aide de tous les adjectifs qui y sont accolés pour signifier la couleur comme site de la différence raciale et signifiant privilégié dont le référent est l'appartenance à la «race» noire. À n'en pas douter, une étude des correspondances (fréquence d'apparition d'un mot dans un corpus) confirmerait cette récurrence dans toute la poésie de la Négritude. Pour parler de l'aliénation, Franz Fanon n'intitule-t-il pas son célèbre essai *Peaux noires, masques blancs*»?

Le pied est une autre des métonymies majeures du canon africain. La symbolique du pied nu parcourt en effet toute la littérature des premières décennies, signalant tantôt l'acculturation (pied entravé dans la chaussure, pied botté du tirailleur, pied sur l'asphalte de la ville), tantôt la reculturation (pied nu en contact avec la terre natale, pied nu de la danse ancestrale). Lieu de contact ou de perte de contact avec l'authenticité africaine, le pied doit bien être, après la peau, la partie la plus visible du corps africain dans la fiction des premiers jours, comme chez Oyono (*Le Vieux nègre et la médaille*) par exemple.

Autre partie du corps érigée en métonymie, le torse. Le torse, masculin surtout, convoque plus spécifiquement à la physicalité de l'homme africain. Le torse nu renvoie alors à l'homme laborieux, la force prolétarienne, en particulier chez des auteurs comme Mongo Beti ou Sembène Ousmane. Symbole duel de l'esclavage et de la violence coloniale, mais aussi de la combativité, le torse musclé, transpirant, flagellé, puissant, sert à désigner dans nombre de romans réalistes et poèmes à la fois l'exploitation de la force africaine et sa capacité de résistance.

Dans la poésie surtout, d'autres métonymies pourraient être relevées: le sang, symbole de la douleur et de la filiation raciale, mais aussi, les parties du corps féminin dont le ventre maternel chanté par les poètes (Senghor, Dakeyo) symbolisent de manière classique la terre africaine, inaliénable dans son authenticité et violentée par la colonisation.

On trouve par ailleurs bien avant les années 1980 une multitude de références, disséminées dans les textes, au corps de l'Africain affecté par l'Histoire. Par un autre jeu de métonymie, la représentation du corps individuel renvoie à une totalité: au statut collectif de colonisé, et au continent africain dans son ensemble. Le corps mutilé, méconnaissable du «tirailleur» de retour en Afrique après avoir participé aux guerres coloniales européennes doit être interprété comme symbole de l'outrage historique du travail forcé. Plus que symbole, il devient corps-mémoire et corps-cicatrice d'une continuité d'exploitation—menant, comme chez Cheikh Hamidou Kane, à la folie—des ressources humaines et naturelles du continent dans le projet colonial.

Que deviennent ces réseaux de métonymies et de symboles après les Indépendances? On notera que le discours de la différence raciale disparaît progressivement pour laisser la place à d'autres manifestations du corps, dont on retiendra: le corps «malade de l'Histoire» où la violence post coloniale se substitue à celle du colon; le corps féminin, qui soulève de nouvelles problématiques dans la littérature féminine; le corps jouissant/jouissif qui réaffirme, chez certains, une poétique du sujet.

Au tournant que constituent les Indépendances, le rapport entre corps et Histoire est placé sous le signe de la putréfaction: la symbolique du corps «pourri» est exploitée abondamment par des auteurs désireux de formuler une critique de la transition du système colonial à l'Indépendance. À travers l'image du corps individuel du héros s'exprime le pessimisme d'une promesse de guérison non tenue par les élites nationales. Le roman *La Plaie* de Malik Fall est à ce titre exemplaire, qui fonde tout son discours de dénonciation sur la projection d'un corps infecté par le remède même censé le libérer.

De manière similaire, quelques années plus tard, la vague des romans dits «de la dictature» dans les années quatre-vingt va substituer au corps meurtri du colonisé l'image d'exactions inédites: celle du corps africain livré à la violence de la post colonie. Comme dans la décennie précédente, le corps y est le site d'une double exposition: d'un côté l'exposition de l'humain soumis à l'arbitraire d'un processus d'abjection institutionnalisé («le règne de la viande» disait Sony Labou Tansi), de l'autre, la revendication de survie, par laquelle le corps se montre déterminé à résister à l'avilissement de la torture par exemple. La représentation du corps dans les années quatre-vingt déplace la dualité colonisé/colonisateur pour mettre en scène, à travers des métaphores nouvelles, une lutte physique entre deux corps africains; celui, obscène et ubuesque, du corps autocratique, et celui, martyrisé et rebelle, du corps populaire dont le héros se fait l'incarnation. Entre le corps de l'autocrate qui dit la démesure et le démembrement de l'humain, et le corps du héros qui réaffirme l'humain par une corporéité à laquelle la fiction redonne totalité et dignité, s'annonce une des problématiques cruciales du début des années quatre-vingt, à savoir, le conflit entre les forces de la négation de l'humain et les tentatives de re-membrement du corps social en souffrance.

On remarque dans les années quatre-vingt-dix une continuité de ce rapport symbolique dans des textes centrés sur la guerre civile et le génocide. Ici encore (Waberi, Diop, Monenembo) le corps martyr de l'Histoire sert de support à une dénonciation de la démesure post coloniale. Mais contrairement aux textes de la dictature, le corps est moins prétexte à un discours de dénonciation que sujet du discours. Sa fonction dépasse le symbolique: il s'agit de donner la dimension d'une horreur physique, justifiée précisément, comme dans le cas du génocide, par la construction d'un corps ethnique. La question de l'altérité, du rapport au corps de l'autre, se pose par exemple dans la littérature sur le Rwanda dans des termes différents non plus de construction raciale blanc/noir, mais de différenciation en fonction de critères ethniques. De même, la question de la survie du corps dans l'Histoire s'articule sur le plan littéraire en termes nouveaux, par lesquels l'écriture tente de donner un tombeau aux victimes du génocide. Les titres, à cet égard, sont révélateurs: *Le livre des ossements* de Boubacar Boris Diop, ou *La Moisson des crânes* de Waberi soulignent la nécessité de faire du livre un lieu de mémoire et de sépulture pour les corps massacrés par l'Histoire contemporaine. Ce geste peut être comparé à la démarche cinématographique d'un Sembène Ousmane revendiquant la mémoire des tirailleurs dans *Camp de Thiaroye*. Il a cependant ceci de particulier: il s'attache à un épisode extrêmement récent de l'Histoire, et d'insister sur la dimension physique—le massacre, les cadavres—de la tragédie, tout autant que sur ses implications philosophiques.

Un des changements les plus radicaux qu'apportent les années quatre-vingt concerne la représentation du corps féminin. La raison en est très simple: l'avènement de toute une littérature non seulement écrite par les femmes, mais dont les sujets renvoient directement au corps féminin. Comme je l'ai noté dans la section sur les femmes, l'écriture féminine qui se déploie à partir de la fin des années soixante-dix se caractérise par une série de thèmes récurrents, qui ont à voir avec la spécificité de l'expérience féminine, le plus souvent dans l'espace domestique ou privé: la polygamie, la reproduction, la prostitution, l'excision en sont les plus fréquents. De plus, les formes les plus courantes—l'autobiographie, le récit à la première personne ou le récit épistolaire—établissent une relation de type intimiste avec les lecteurs, dans laquelle le rapport de la femme à son corps constitue le vecteur le plus important.

Il est inutile ici de répéter les diverses constructions culturelles et imaginaires auxquelles les femmes vont «répondre» lorsqu'elles prennent la parole. Il suffit de dire que c'est contre une condition féminine objectivée par les institutions patriarcales (européennes comme africaines) que les thèmes ci-dessus sont abordés. C'est bien une véritable entreprise de réappropriation du corps féminin qui est à l'œuvre dans la littérature depuis 1980, dans ce que j'ai identifié plus haut comme étant le nouveau canon féminin. Les nouveaux auteurs ne démentent d'ailleurs pas cette tendance: on en veut pour preuve le succès de *Rebelle* de Fatou Keita, dont toute l'intrigue tourne autour du refus de l'excision, puis de l'engagement de la femme dans une trajectoire militante féministe.

Ce nouveau discours du corps s'accompagne invariablement d'un renouveau de l'écriture. Si l'on ne peut pas parler d'une écriture du corps telle que les féministes françaises (Cixous) l'ont prônée dans les années 1970, force est de reconnaître que l'écriture des femmes africaines francophones s'engage à dire l'expérience du corps dans une parole inédite, qui force le regard sur le corps, et en particulier la sexualité. En ce sens, la littérature féminine apporte aux lettres francophones non seulement une libération du sujet féminin, mais une libération du corps en général, vers une écriture de la jouissance.

On note en effet que le recentrement sur l'autonomie du corps—et donc du sujet—féminin s'accompagne d'un discours sur la jouissance qui infuse toute la littérature d'un érotisme jusque-là extrêmement timide. La revendication de la «féminitude» (Beyala) implique aujourd'hui le dépassement non seulement des fixités patriarcales, mais aussi des tabous liés à la représentation du sexuel et de l'érotisme. L'érotisme s'affirme ainsi dans la mise en scène de la physicalité des corps d'où ne sont plus censurés les mots qui disent explicitement le désir, les rapports sexuels, l'orgasme. Si on peut affirmer que c'est par les femmes qu'est venue cette libération, cela ne signifie pas que l'avènement d'un érotisme plus direct est l'apanage des femmes aujourd'hui. Dans l'ensemble, un mouvement général semble se dessiner, de sorte qu'on constate, chez les hommes aussi, une tendance—toute relative—à sortir le discours amoureux de la sensualité sublimée des années précédentes.

Un nouveau discours de/sur la jouissance commence à transparaître. La voie en a été ouverte par les femmes, et par des romanciers dont les récits fourmillent de scènes érotiques plus ou moins appuyées, dont la critique n'a pas encore exploité le caractère novateur. Par exemple, le roman *Notre pain de chaque jour*, publié en 1998, s'ouvre sur une scène de rapport sexuel entre un député et sa maîtresse. Une telle ouverture aurait fait scandale il y a quelques années encore (on se rappelle que *Le devoir de violence*, de Yambo Ouologuem, fut rapidement taxé de pornographique). Il faut voir dans ces écritures de la jouissance une volonté de privilégier l'autonomie du sujet, par opposition au corps collectif.

Cornaton, par exemple, suggère qu'après une phase de «littérature de l'échec» marquée par la récurrence de la symbolique de l'impuissance, les années 1985-90 annonçaient pour le sujet africain une «puissance phallique retrouvée». Bien qu'elle soit pertinente, cette remarque limite la transformation qui se joue dans les textes contemporains au masculin, et exploite une métaphore facile entre libération et virilité d'une part, oppression et impuissance sexuelle (castration) de l'autre. Si l'avènement d'un érotisme affirmé signale bien une libération, celle-ci renvoie autant à une jouissance féminine que masculine. Comme on l'a vu, les femmes aussi (et surtout) se sont données pour tâche de dire la jouissance contre l'oppression. L'érotisme disséminé dans les récits d'aujourd'hui n'a donc pas pour seul enjeu une virilité (métaphorique ou non) à reconquérir. Une direction d'étude plus pertinente encore pourrait montrer comment, au-delà de la distinction des sexes, l'avènement d'un corps jouissant et jouissif dans la littérature suggère un mouvement hors du collectif, et vers des formes plus individuelles de quête de soi, dont le corps, singulier dans sa physicalité et ses désirs, participe pleinement.

Cela dit, le corps jouissif ne se réduit pas à l'érotisme. Il est d'autres formes de jouissance qui infusent la littérature aujourd'hui, dont le sport. Partie prenante du quotidien africain, le sport commence à faire son apparition dans la fiction. Certains personnages de sportifs deviennent centraux (boxeurs, marathoniens, footballeurs), au point qu'il faut interroger cette apparition du jeu dans la littérature. Activité gratuite, vouée au plaisir individuel et dans ce cas liée aux performances du corps, le sport s'oppose en apparence au «sérieux» du discours abstrait, engagé. Si on l'assimile à une forme de jouissance, et donc à la revendication du corps jouissant que l'érotisme affirme, toute une critique de sa fonction dans le quotidien fictif des années quatre-vingt dix peut être menée, qui examinerait le processus par lequel le corps «joue» dans/de ce qu'on appelle «la crise».

Ces quelques remarques ne rendent pas compte du potentiel de la thématique du corps dans la récente fiction. Les pistes de recherche semblent bien être infinies pour l'exploration des diverses interventions du corps en littérature. Des études diachroniques sont nécessaires afin de dépasser le constat «d'absence» dans les écrits des générations précédentes. Des analyses synchroniques, quant à elles, révèleraient la complexité des manifestations du corps dans les écritures des années 1980-90. Dans quelle mesure, par exemple, le corps reste-t-il le fondement du discours identitaire (hybridité, féminité, marginalité, ethnicité)? Quels rapports entretient-il avec la représentation générale de l'Afrique? Quels autres corps se manifestent, qui n'ont pas été pris en compte, comme le corps des enfants ou des migrants? De quelles nouvelles aliénations, à la suite de Fanon par exemple, ces corps post coloniaux portent-ils la marque? Telles sont quelques-unes des questions qui pourraient générer un ensemble de contributions essentielles à la réévaluation du thème en littérature, au moment même où, par ailleurs, les sciences sociales y portent toute leur attention.

Le rapport à la langue

Dans la section sur la critique nous avons parlé de la question de la francophonie, et présenté l'état des débats actuels quant à la position du corpus francophone non métropolitain dans les lettres françaises. La question du rapport à la langue est tout entière contenue dans le terme «francophone» utilisé aujourd'hui dans les milieux universitaires et institutionnels pour faire référence à une littérature écrite en Français en dehors de la métropole (du fait de l'origine des auteurs davantage que de leur lieu de résidence d'ailleurs). Autrefois, on parlait de littérature «d'expression française», ou pour en exclure le Québec et insister sur une «race» commune de littérature «négro-africaine d'expression française», ces termes servant à marquer à la fois l'appartenance à une communauté linguistique (voulue et revendiquée par des poètes comme Senghor, entre autres), et, néanmoins, la différence. Cette différence par rapport à la France métropolitaine, comme nous l'avons noté au début, reste aujourd'hui repérable dans les trajectoires et identités nationales des écrivains dans les circuits et conditions de publications parfois, dans les problématiques abordées, dans le rapport à l'Histoire, ou les contextes culturels représentés. Il n'en reste pas moins que ces textes sont écrits dans une langue que tout lecteur reconnaîtrait comme étant du Français. Or, la question revient toujours, sempiternelle: «Dans quel Français?», quand ce n'est pas «Est-ce bien du Français?». Si elle agace, notamment parce qu'elle n'est pas posée à des écrivains métropolitains dont la prose est inaccessible ou douteuse, elle est pertinente: où, en effet, passe la différence, si et quand différence il y a? Quelles caractéristiques le Français de certains auteurs africains présente-t-il pour qu'on les distingue d'autres écritures singulières? Y-a-t-il un moment où la langue peut effectivement sembler cesser d'être du Français, pour devenir autre chose, peut-être pas une autre langue, mais en tous cas un autre langage, qui nécessiterait une approche spécifique, voire une formation?

Les marques de différence, c'est-à-dire d'appartenance culturelle, nationale, linguistique, et autres, sont-elles, chez certains, suffisantes pour justifier la séparation? Des arguments pour la séparation sur la base nationale ont été avancés avec force (voir Huannou). Au-delà de la question d'appartenance, et si l'on reconnaît dans la francophonie au sens large (c'est-à-dire incluant la France) un désir commun de s'exprimer dans une langue donnée, la comparaison avec d'autres aires peut apporter des éléments de réponse qu'il faudrait creuser. Le Québec, le Maghreb, les Antilles, le Vietnam continuent à se poser la question inéluctable du rapport à la langue, qui implique nécessairement le rapport aux institutions et au lectorat français. Quelles que soient les prises de positions, dès lors que l'on s'éloigne des préoccupations nationalistes pour revenir au travail des artistes sur la langue, la réponse est claire: c'est du Français. Les auteurs en respectent les règles linguistiques minimales, et la condition même de communication entre auteur et lecteur réside dans le respect de cette base minimale d'expression écrite.

Une meilleure compréhension de la diversité linguistique des textes dits «francophones» nécessite aussi que l'on s'attarde à examiner de près à quels moments, et où sont repérables les éventuelles interférences entre le Français et les langues africaines, qui feraient du texte africain francophone un texte marqué par la différence. La diversité des styles et des écritures rend difficile les généralisations. Il n'y a pas plus UN Français écrit en Afrique qu'il n'y a UN Français écrit au Québec ou en France. Pour autant d'exemples qui confirmeraient la différence, d'autres viendraient l'infirmer, rapprochant le style d'un Congolais de celui d'un Français, ou même, au-delà des différences linguistiques, d'un Sud-Américain ou d'un Allemand.

Le Français est une langue extrêmement normative dont les académiciens supportent mal qu'on la transforme de manière spontanée, même dans la littérature. Le «bon Français» est vite taxé de «mauvais» dès lors qu'il subit des transformations non attestées par le dictionnaire, et l'intégration de néologismes comme les amendements grammaticaux demeure chose rare. Cependant, dans la pratique, le Français est aussi une langue dont l'Histoire est marquée par une continuité d'enrichissements inter linguistiques d'une part, et un potentiel transformatif indéniable. De ce fait, il résulte deux positions possibles pour les auteurs africains: soit ils adhèrent au principe du respect de la langue, dans le sens où ils refusent de «toucher» à ce qui, justement, fait sa permanence, soit ils s'attachent au contraire à en exploiter le caractère malléable (comme toute langue), en la soumettant à des transformations plus ou moins radicales.

Il est possible de tenter une typologie du rapport à la langue en fonction de la manière dont une langue ou un langage africain transparaît ou se montre dans le Français de certains auteurs. Il est important d'arriver à articuler une approche nouvelle par laquelle la question ne serait pas celle de la «déviation» ou non par rapport à un modèle, mais celle de l'interaction entre deux, voire plusieurs systèmes langagiers dont l'écriture témoigne, tout en restant reconnaissable, comme étant «du Français». Il ne s'agit pas ici de décider de ce que doit être l'attitude de l'écrivain africain face à la langue. La décision est du seul ressort de celui ou celle qui met les mots au service d'une expression écrite qui lui convient, en fonction de son projet littéraire. Plutôt que de poser la question en termes de déviations—qui ne ferait que consolider la marginalité dont est frappée la littérature dite francophone en France—il est crucial en revanche d'examiner les relations de proximité/distance avec le Français normatif dans les textes d'aujourd'hui, cinquante ans après les premiers écrits dits «d'expression française».

Une typologie de la proximité/distance relèverait plusieurs relations possibles:

H) Textes en Français classique, dit «standard», qui gardent intacte la syntaxe du Français et où ne peut se déceler aucune particularité dans le vocabulaire utilisé. Ce sont des textes qui ne se démarquent en aucune manière des textes métropolitains, et dont seuls le contenu ou l'identité de l'auteur renvoient à une origine/culture africaine.

I) Textes qui portent la marque d'interférences avec une langue africaine au niveau du vocabulaire, et dont «l'étrangeté» est délibérément signalée par un appareil paratextuel. Les mots empruntés aux langues africaines peuvent y être soit mis en italiques, soit renvoyés à des notes en bas de page avec traduction ou explication, soit regroupés en fin de texte dans un glossaire. Le plus souvent, ces mots appartiennent aux champs sémantiques des pratiques culturelles où se situe la différence (nourriture, religion, vêtements) ou de la nature (faune et flore). Lorsque des expressions entières en langue africaine figurent dans le texte, il s'agit généralement de proverbes ou d'expressions idiomatiques ou exclamatives dans les dialogues. Dans ces cas, l'auteur ou l'éditeur se charge du travail de médiation/traduction entre la langue africaine et le Français, afin de rendre le Français accessible au lecteur francophone.

J) Des textes, plus rares, qui empruntent également à une langue africaine au niveau lexical, mais dont la signification n'est pas donnée par des notes, traductions ou glossaire. C'est dans ce cas au lecteur d'utiliser sa perspicacité afin de deviner, grâce aux jeux de répétitions ou de paraphrases, la signification de telle ou telle expression étrangère à son dictionnaire personnel. Dans ce cas, le travail sur le Français est double: d'un côté l'auteur fait en sorte que le contexte suffise à faire deviner le sens des mots étrangers, et de l'autre, le lecteur se livre à un déchiffrement plus actif du texte, par lequel il participe à la signification de l'ensemble. Selon la terminologie de Roland Barthes, ces textes peuvent être qualifiés de «scriptibles», dans la mesure où le lecteur est impliqué activement dans le travail d'écriture/lecture, par opposition aux textes simplement «lisibles», où la signification est donnée sans effort nécessaire.

K) Le travail le plus spectaculaire et le plus sophistiqué qui a été fait sur la langue française par des auteurs africains est celui de la manipulation de la syntaxe. *Les Soleils des indépendances*, d'Ahmadou Kourouma en est considéré comme l'œuvre-phare. Dans ce roman, Kourouma ne se contente pas d'emprunter des mots ou expressions idiomatiques et de les interpoler dans une syntaxe française. Poussant plus loin l'africanisation de la langue française, il la plie à divers renversements syntactiques qui ne sont pas des traductions à proprement parler, mais par lesquels s'opère une véritable rencontre de deux systèmes linguistiques, tant au niveau syntactique que lexical. Plus tard, à la fin des années soixante-dix, un autre auteur considéré lui aussi comme ayant révolutionné le rapport à la langue suit le même principe: les «tropicalités» de Sony Labou Tansi consistent, dans la même veine que Kourouma, à imposer au Français des structures empruntées à sa langue maternelle africaine.

Contrairement aux premiers types de textes, aucune explication n'est fournie, ou très rarement, aux lecteurs qui ne connaissent pas la langue avec laquelle l'interférence se joue. Là encore, il s'agit de textes plus scriptibles que lisibles, qui nécessitent un engagement actif du lecteur à la production de la signification.

Les critiques ont, depuis Kourouma et Sony Labou Tansi, applaudi ce type de manipulation linguistique comme relevant d'une sorte de «créolisation» de la langue française par des auteurs africains qui l'enrichissent en prenant le risque de ne pas la respecter. Plusieurs questions se posent cependant, qui ont à voir avec le degré de créativité qui doit être imputé aux auteurs. En effet, il est difficile de distinguer, dans ces derniers cas, ce qui relève du pur calque, et ce qui relève d'une invention langagière à partir de l'interaction de deux systèmes linguistiques.

À ce point, il est impératif d'avoir des critiques conversant dans les langues africaines. Comment en effet juger du travail de création d'un Kourouma ou d'un Sony Labou Tansi si l'on ignore la langue africaine qui se profile derrière le Français? Il est facile, pour le lecteur, journaliste ou critique qui ne lit que du Français «standard», de s'émerveiller des innovations et «tropicalités» d'un texte donné. Plus perspicace sera l'analyse qui rendrait compte de la part de pur calque et de celle de pure invention. La question s'est posée concernant des auteurs antillais comme Patrick Chamoiseau ou Raphaël Confiant, qui ont séduit la critique française ces dernières années avec des romans écrits en «français créolisé», mais dont on commence à se demander (Danielle Lebrun) s'ils ne jouaient pas le jeu facile—pour des Français ignorant le créole—de mettre sur le compte de leur créativité individuelle des pures et simples traductions du créole connues et utilisées de tout créolophone.

Dans le cas des auteurs africains, le risque existe très certainement de bénéficier de crédits d'exotisme similaires auprès du public français. Cependant, force est de reconnaître qu'au-delà de la rencontre de deux langues, une véritable «créolisation» du Français s'opère aujourd'hui en Afrique, sur le mode oral. Des Français parlés à Abidjan, Dakar, Brazzaville ou Douala se sont constitués, avec leurs idiomes respectifs, qui ne sont pas des traductions bi-lingues, mais bien des créations singulières, jouant sur la formation des mots, inventant des formes verbales, des nominalisations, des tropes (métaphores, périphrases), des jargons et des argots dont la littérature commence à rendre compte, et à fixer dans l'écrit. Et ces nouveaux Français, créés dans les métropoles africaines, doivent autant à la multiplicité des langues africaines utilisées conjointement au Français dans les milieux urbains qu'à l'Anglais, par exemple, ou à la dynamique d'invention des générations successives.

L'une des manières de rendre justice au travail des écrivains africains qui œuvrent dans la langue française est de rendre compte de manière détaillée des jeux de transcription, récupération, manipulation auxquels ceux-ci se livrent, empruntant tantôt à une langue maternelle qu'ils pratiquent à l'oral, tantôt aux inventions de la rue, tantôt à leur imagination uniquement. Plutôt que de s'attarder, comme le font encore certains écrivains et critiques, sur une sorte de lamentation sur la condition diglossique et de l'impossibilité, comme disait le poète haïtien Léon Laleau, d'écrire «avec des mots de France/ce cœur venu du Sénégal», il est temps de s'assurer la collaboration de linguistes, de critiques au fait des langues africaines et d'Occidentaux sachant dépasser l'émerveillement de l'étrangeté de la langue afin de réaliser des analyses rigoureuses sur la créativité langagière des écrivains d'aujourd'hui.

La littérature populaire écrite

Si le roman, dans son ensemble, semble de plus en plus puiser son inspiration dans des espaces et personnages populaires, et si, par ailleurs, les sciences humaines s'attachent à repérer les formes populaires de production économique, de créativité culturelle et de résistance politique, l'étude de la littérature africaine reste limitée aux formes «hautes» d'expression: le roman, la poésie et le théâtre. Les performances (non écrites) du théâtre populaire et la littérature orale en sont certes les exceptions. Cependant, il convient de constater qu'en ce qui concerne la littérature écrite dont le rapport avec une tradition orale n'est pas explicite, la critique s'est montrée extrêmement élitiste dans sa définition du fait littéraire francophone (contrairement à la critique anglophone?). Or, un des phénomènes marquants de la période qui nous intéresse est l'apparition d'une littérature écrite populaire, qui s'exprime, entre autres, dans le roman policier, le roman «Arlequin» et la littérature enfantine. Il existe donc tout un secteur nouveau d'expression écrite en Français qui à la fois s'inscrit dans la problématique de l'écriture des vingt dernières années et échappe aux critères de définition classique de «littérature».

Notre propos étant de rendre compte des innovations et des mutations de la littérature, il nous semble pertinent ici d'inclure une série de textes qui, précisément, forcent à repenser la question de la littérarité dans le contexte africain. L'élitisme de la critique est directement hérité de critères de littérarité européens. L'historiographie française, en effet, distingue entre d'une part les hauts genres que sont le roman, la poésie et le théâtre, et de l'autre, toute une production populaire qualifiée de «paralittérature», c'est-à-dire, d'écrits situés à la limite de la littérature, et considérés comme inférieurs (Escarpit). Parmi ceux-ci (et avec des relations hiérarchiques à l'intérieur de cet espace) des formes populaires du roman comme le roman policier, le roman d'aventures, la science-fiction, le roman-photo, le roman sentimental, mais aussi la bande dessinée et la littérature enfantine. De plus en plus, notamment à la suite des travaux de théoriciens du roman et du mouvement de «cultural studies» en Angleterre et aux États-Unis, les frontières entre littérature et paralittérature sont mises en question.

En 1975 Bernard Mouralis réexamine les formes de la production marginale française qu'il regroupe sous le terme de «contre-littérature». Celle-ci se distingue de la paralittérature dans la mesure où elle y ajoute d'une part le texte exotique, et de l'autre le texte «négro-africain». Pour Mouralis, ces deux types de textes subvertissent la norme littéraire en posant chacun à leur manière la question de l'altérité: soit comme le texte exotique en introduisant la différence à travers de nouveaux regards et de nouveaux paysages, soit comme le texte négro-africain en revendiquant sa différence. Pour Mouralis, «la protestation contre la situation coloniale, la valorisation de la culture négro-africaine, la neutralisation des différents discours européens caractérisent indéniablement un processus de contre-littératures».

Selon ces termes, la littérature africaine, du moins dans sa phase initiale, rejoint dans la marginalité d'autres productions caractérisées elles aussi par une déviation de la norme. Par son discours, le texte négro-africain se trouve *de facto* assimilé au roman policier, roman feuilleton, etc. Le mouvement est intéressant puisque d'un côté le statut de contre-littérature est assigné à des textes français en fonction de leur genre pré assigné, de l'autre, c'est le discours du texte africain qui le place dans la catégorie des «contre-littératures». La distinction est importante, car elle implique une dualité du statut de la littérature populaire africaine qui reste à étudier.

Aujourd'hui, comme je l'ai souligné au début de cette étude, il existe indéniablement un canon de la littérature africaine, qui ne cesse de se consolider. Celui-ci s'est d'ailleurs construit selon des critères formels et esthétiques, et selon des processus d'institutionnalisation similaires à ceux qui ont présidé à la construction de ce que Pierre Bourdieu appelle le cercle restreint des Belles Lettres françaises. Dans le même temps, une paralittérature, ou contre-littérature africaine apparaît. Là encore, suivant des critères français: le roman populaire, le roman d'amour, le roman policier, la littérature enfantine sont d'emblée placés dans les marges de la production normalisée africaine—passée et contemporaine. Par une sorte d'évolution dialectique des champs en présence, on assiste alors à un phénomène par lequel la marge a produit sa propre marge, la littérature africaine a produit simultanément un canon et une contre-littérature. Contre-littérature d'une contre-littérature, celle-ci est en pleine expansion, dans un contexte que d'aucuns ont qualifié de crise du livre en Afrique. Le phénomène vaut d'être remarqué pour plusieurs raisons: d'abord parce que le succès de la littérature populaire entraîne nécessairement une redéfinition des problèmes de la lecture en Afrique. Ensuite parce qu'il force, comme dans le contexte européen, à repenser la radicalité de la frontière entre littérature classique et populaire. Enfin, parce qu'il pose en termes différents la question de la place du texte africain par rapport à l'ensemble de la production française.

La littérature populaire écrite se situe, aujourd'hui, à la croisée de plusieurs espaces hiérarchisés: elle est à la fois l'Autre de la norme africaine et l'Autre de la marge française. Cette double altérité de genre et d'origine détermine-t-elle forcément une double exclusion? Rien n'est moins sûr. Bien qu'aucune étude n'ait été engagée dans ce sens, il se pourrait que, paradoxalement, l'altérité de genre soit un moyen d'accès à la littérature française, par l'intermédiaire, si l'on peut dire, de ses marges. L'intégration à une autre marge—désormais institutionnalisée—déterminée par des critères formels pourrait permettre à la contre-littérature africaine de s'annexer à l'universel, peut-être plus facilement que le canon africain au canon français.

De plus, un examen attentif des motifs et discours de ces textes pourrait favoriser une nouvelle sociologie du roman vers une saisie plus globale du discours africain tel qu'en témoigne toute la production littéraire, et pas seulement les formes hautes qui gardent aujourd'hui encore le privilège de représenter le réel.

Bien qu'il y ait d'autres formes d'expression populaire en Afrique francophone dans les années 1980-90 (dont le roman-photo et la bande dessinée) je m'attarderai sur trois d'entre elles: le roman policier, la littérature enfantine, le roman sentimental. Leur valeur esthétique, certes, demeure discutable et il existe au sein même de la littérature populaire une taxinomie hiérarchique. Il n'en reste pas moins intéressant de considérer ces textes en ce qu'ils relèvent de nouvelles pratiques scripturales et lectorales, s'inscrivant donc dans la problématique plus large du statut du livre en Afrique. Certains de ces textes, comme le roman sentimental, atteignent aujourd'hui un large public différent de celui qui lit les «classiques». D'autres, comme les «polars noirs», sont situés dans un espace liminal à mi-chemin entre la littérature et le paralittéraire, alors que leur écriture n'a rien à envier aux «classiques». D'autres enfin (la littérature enfantine) s'adressent à une tranche de population qui retient de plus en plus l'attention des sciences humaines en général et qui constitue une cible privilégiée des éditeurs, quand la critique littéraire reste réticente à les reconnaître. Or, chacun de ces sous-genres de la paralittérature participe du renouvellement des dynamiques de lecture/écriture francophone des sociétés africaines contemporaines, et de ce que j'ai posé au début comme étant la pluralité structurale qui en est la marque. Ne serait-ce que pour ces raisons, il est temps de briser, en ce qui concerne la production littéraire africaine, les séparations traditionnelles entre le cercle restreint et ses avatars périphériques.

Le roman policier

Une quarantaine de romans policiers africains ont fait leur apparition depuis le milieu des années quatre-vingt, sans que la critique n'ait prêté attention à ce phénomène. Leur publication a été prise en charge en grande partie par les collections spécifiquement consacrées au roman policier de maisons d'édition françaises («Polars noirs» chez l'Harmattan; «Série noire» de Gallimard; Serpent à Plumes noir), et africaines (NEA polar des Nouvelles Éditions Africaines).

Le roman policier africain, donc, n'existe pas en tant que tel avant les années quatre-vingt. Il s'agit d'un genre totalement nouveau, et d'un phénomène récent. Il faut en fait distinguer entre deux sous-genres du roman policier auxquels se rattache cette récente production africaine.

Les premiers à apparaître entrent dans la catégorie des romans d'espionnage sériels tels qu'ils ont été popularisés en France par des auteurs tels que Frédéric Dard (San Antonio) ou Gérard de Villiers (SAS). Ceux-ci avaient d'ailleurs largement utilisé l'Afrique comme matière à intrigues policières répétées. Il est aisé de comprendre pourquoi. Tous les ingrédients du roman d'espionnage se trouvaient dans l'univers colonial: la vision manichéenne du monde, le mystère d'un espace caractérisé par son opacité, où prolifèrent donc les énigmes; le sexe; la violence; les intérêts financiers; la corruption; la présence policière, mercenaire, paramilitaire et les organisations de type maffieuses; les trafics illicites; l'univers urbain; les intérêts internationaux. De plus, la présence d'un Autre qui devient le support de présupposés racistes stéréotypiques sur lesquels va s'appuyer le mouvement fondamental de la narration, du crime à sa résolution. Le roman d'espionnage africain va continuer à exploiter cette matière, tout en la pliant à des modes de représentation nouveaux.

D'un côté, les titres placent cette production dans une continuité de genre: *Terreur en Casamance*; *Traite au Zaïre*; *Sueurs froides à Abidjan*, *Fureur noire à Kango*. De l'autre, si les lois du genre sont respectées, la représentation de l'Afrique et des Africains est radicalement différente. D'abord parce que la focalisation se fait sur des personnages africains, les bons comme les mauvais (un professeur sénégalais «rasta» aux prises avec des terroristes allemands dans *Negerkuss* d'Asse Guèye. Un médecin zaïrois se débattant entre les services secrets de son pays et la diplomatie belge dans *Traite au Zaïre*. L'agent spécial Bara Ndiaye dans *Fureur noire à Kango*) ensuite, parce que les intrigues renvoient moins à une Afrique fantasmée qu'à un réel que l'auteur tente d'élucider. Que les auteurs affirment s'être «inspirés de faits divers authentiques relatés dans la presse internationale, ainsi que sur des enquêtes menées sur les lieux de l'action»(Nzau) ou avertissent au contraire que «toute ressemblance avec des faits ou personnes réels ne serait que pure coïncidence» (Dia), l'enquête policière devient le moyen d'exposer les mécanismes de la société contemporaine, de la perspective d'un Africain. En ce sens, l'auteur africain du roman policier se fait mi-journaliste, mi-détective de son temps: il collecte les informations, les analyse, émet des hypothèses, et formule une explication. La fonction du roman d'espionnage africain est donc à la fois de plaire et d'interpréter le réel pour ses compatriotes. Contrairement aux romans d'espionnage français, le roman d'espionnage africain à tendance à se donner pour mission de documenter les «dessous» de la politique internationale africaine contemporaine.

Ni le manichéisme caractéristique des romans d'espionnage français, ni la pauvreté esthétique ne disparaissent dans cette «africanisation» du polar. Certes, le manichéisme racial est évacué dans des intrigues où la plupart des personnages sont noirs. Celles-ci restent cependant organisées autour d'autres oppositions binaires et stéréotypes constitutifs du genre, et toujours problématiques. Pour ne citer qu'un exemple: le sexisme des romans d'espionnage français a traversé intact les frontières. Cela dit, le polar africain demeure intéressant à étudier dans la mesure où, précisément, il se veut engagé à démanteler, élucider la complexité d'événements ou d'affaires relatés par la presse: comme tout texte, il recèle des discours sur le pouvoir et les réseaux financiers en Afrique bien au-delà de la légèreté stylistique qu'on lui prête. Toute étude destinée à analyser les représentations de l'Afrique dans la fiction contemporaine devrait prêter une attention plus particulière à ce mode populaire de réinscription de l'Afrique dans le grand jeu international des intrigues diplomatiques, financières et militaires qui informent le réel. Un autre type d'étude reste à faire sur la réception de ces polars, qui ne semblent pas avoir rencontré un très grand succès.

En revanche, dix ans après les premiers romans d'espionnage africains apparaît un autre type de polar qui semble en pleine expansion. Il s'agit d'un roman policier tout à fait différent du roman d'espionnage, que l'on appelle le néo-polar (Manchette). Le néo-polar est différent des autres policiers dans la mesure où il est marqué par des préoccupations idéologiques explicites (Evrard, Lits) et par une recherche de littérarité du récit. Genre pratiqué avec succès en France aujourd'hui, il fait des émules des auteurs africains qui eux aussi pratiquent une écriture à la limite entre le polar et le littéraire, confirmant le phénomène global de ces vingt dernières années par lequel la frontière entre les deux tend à s'amenuiser (Manchette).

Si l'univers, toujours urbain de ces néo-polars, est plutôt européen qu'africain, ce sont sur les milieux noirs qu'ils se focalisent. En cela, leur démarche se rapproche d'un Chester Himes, auteur noir américain qui imposa le roman noir en France après la Deuxième Guerre mondiale, en mettant en scène des personnages noirs (policiers comme délinquants) plongés dans la perversité de l'Amérique urbaine, frauduleuse et raciste. Des intertextualités plus ou moins ouvertes à Chester Himes se retrouvent d'ailleurs dans plusieurs de ces romans (Ndjehoya, Njami), faisant de celui-ci un des modèles du néo-polar à l'africaine. Mais l'originalité de ces néo-polars se situe surtout dans la manière dont les énigmes s'articulent autour de la différence culturelle entre policiers français et milieux «Blacks». Dans *Agence Black Bafoussa* de Achille Ngoye, l'inspecteur blanc doit se procurer un «guide de l'Afrique à Paris» pour mener son enquête; dans *Sorcellerie à bout portant*, du même auteur, les sacrifices d'animaux se mêlent aux meurtres ritualisés. Bolya Baenga semble s'être fait, en trois romans, l'illustrateur du policier ethnologique centré sur l'élucidation de mystères liés à la représentation de l'Afrique (la polyandrie dans *Polyandre*; le cannibalisme dans *Cannibale*; la gémellité dans *Les Cocus posthumes*). De par leur statut hybride entre la littérature populaire et le polar classique, ces textes frappent par leur originalité. Originalité des thèmes (les drogues douces chez Abassane Ndione et Lucio Mad, par exemple), mais surtout originalité d'une écriture qui exploite toute l'hétéroglossie du roman. Des dialogues à la narration, tous les registres de langue se mêlent: le Français classique, le jargon de la police, l'argot des petits délinquants, le Français africanisé des villes, les langues africaines. De même, les références culturelles, pêle-mêle, renvoient aussi bien à René Char et Montesquieu qu'à Aimé Césaire, Senghor, OK Jazz ou Youssou Ndour. Comme leurs collègues français, ces auteurs «polarisent le littéraire et littérarisent le polar» (Manchette) en ajoutant au neo-polar une dimension africaine repérable à tous les niveaux du texte.

C'est peut-être dans ces genres hybrides que la langue crée en toute liberté: libéré des contraintes du roman classique, œuvrant dans un genre qui par définition ouvre la voie à de nouveaux espaces, le neo-polar africain recèle un potentiel de créativité indéniable, au point que l'on a pu y voir l'espoir d'un renouvellement radical de l'expression littéraire africaine aujourd'hui (Drame; Ngal).

Le roman sentimental

De tous les genres de la paralittérature, le roman sentimental est sans aucun doute celui qui est le plus méprisé, rejeté dans les marges les plus éloignées du centre restreint. «Romans à l'eau de rose», «romans de gare», «lectures de bonnes femmes», les expressions les plus péjoratives se sont accumulées au cours des années de son existence en Europe pour qualifier cette production de masse, tentant d'en souligner le caractère insignifiant par rapport à la conception consensuelle de ce qui constitue la littérature. Or, du point de vue commercial, cette production est tout sauf insignifiante, comme l'attestent les chiffres de vente aux États-Unis et en France. Le paradoxe est évident: d'un côté, le genre lui-même fait l'objet d'un ostracisme intellectuel de la part de la critique et des medias, mais de l'autre, il connaît un succès commercial fulgurant, au point de supplanter les autres genres en termes de production et de lectorat, touchant des milliers de lecteurs et lectrices désormais fidélisés, au point de devenir le premier genre littéraire en France aujourd'hui, avant même le roman policier (Péquignot).

Le roman Arlequin—du nom de la maison d'édition nord-américaine qui les diffuse—est l'avatar le plus populaire de ce phénomène qui déferle sur la France à la fin des années soixante-dix, via les États-Unis, où il jouit déjà d'un succès considérable depuis la fin de la Deuxième Guerre mondiale. Il apparaît à son tour sur la scène africaine, avec le lancement très remarqué des éditions Adoras, en Côte d'Ivoire, en 1996. Les titres ne trompent pas quant à leur filiation au genre: *Cœurs rebelles, Tu seras mon épouse, Folie d'une nuit, Un bonheur inattendu*. Le principe de diffusion, comme la structure, est respecté, avec des récits courts, simples, de petit format et qui se vendent à petit prix dans les kiosques et librairies. Bien qu'il soit trop tôt pour tirer des conclusions édifiantes, l'affaire semble bien partie, puisque Adoras annonce 10 000 exemplaires tirés par titre, pour une collection riche aujourd'hui de quatorze titres. Nul n'a encore recensé de manière sérieuse l'étendue de ce phénomène en Afrique. Parce qu'il est trop tôt, certes, mais probablement aussi à cause des stigmates attachés à ce genre littéraire dont le statut reste encore trop souvent déterminé précisément par son manque de littérarité.

Après une première phase de réticence de la part des universitaires en France et aux États-Unis le phénomène du roman sentimental a donné lieu à d'importants travaux depuis 1980. Ces dernières années, ces universitaires semblent de plus en plus nombreux à s'y intéresser. Des études structuralistes, par exemple, en ont examiné l'articulation des schémas narratifs et de ses différents motifs, exposant un programme narratif invariable en trois phases: 1) une phase initiale de constitution du couple, avec révélation de l'amour; 2) une phase de disjonction exposant le couple à des obstacles et conflits; 3) une phase finale de conjonction, qui scelle le couple par le mariage. D'autres se sont attachés à souligner des continuités entre le roman d'amour «littéraire» et ses avatars plus populaires. D'autres encore l'analysent dans une optique plus strictement sociologique, cherchant à repérer dans le jeu des motifs les signes d'un nouveau discours amoureux (Péquignot). Les directions analytiques proposées par les travaux des chercheurs français plaident pour un examen attentif du roman sentimental en Afrique.

Une fois dépassés le mépris et la condescendance qui y sont généralement attachés, il est possible de soumettre la toute récente production africaine à une série de questions concernant l'imaginaire qu'ils véhiculent pour un public spécifique. En effet, le roman sentimental africain se caractérise simultanément par le mimétisme du «programme narratif» européen, et l'actualisation de motifs et variantes dans un contexte africain. L'intérêt de la fixité structurelle de ces récits leur assure, de par le monde, une reproductivité efficace qui met en jeu tout un processus de translation: des milieux socioculturels, des catégories de personnages, des dynamiques de séduction, etc. en fonction du public à atteindre. Dans le cas de l'Afrique, la translation dans la forme fixe d'un système de valeurs européen à un système africain constitue un domaine d'exploration sociologique inédit. Cela pour deux raisons au moins: premièrement parce que l'imaginaire véhiculé par la production Adoras se veut non pas national, mais panafricain, s'adressant à un public d'Africaines francophones tant à Abidjan qu'à Dakar ou Douala. Deuxièmement parce que le discours amoureux reste très timide en littérature, et a donné lieu à très peu de travaux sur l'imaginaire de la séduction en Afrique.

En cela l'émergence du roman sentimental en Afrique représente une mine d'or pour le chercheur en études culturelles. On a souvent reproché aux critiques littéraires de ne traiter le texte que dans la relation de «reflet» (Mateso) qu'il entretient avec une réalité supposée. L'intérêt du roman sentimental réside justement dans son manque de prétention littéraire, qui absout, en quelque sorte, la critique du procès d'intention ethnographique ou sociologique. Libéré de considérations esthétiques, le texte ne peut être appréhendé ici que selon l'axe du sociologique. Il ne s'agit donc pas de lui redonner un prestige qui lui aurait été indûment refusé par une critique élitiste, mais bien de l'utiliser comme support à une analyse globale—et peut-être en conjonction avec d'autres disciplines des sciences humaines—des rapports de couple tels qu'ils sont représentés dans un corpus proposant une nouvelle fantasmagorie collective et populaire. À l'instar des travaux européens, tout un travail sur les mises en scènes de la relation amoureuse moderne pourrait être entrepris à partir de ce corpus. Véhicules et miroirs de transformations notoires du rapport amoureux des années quatre-vingt-dix, ces textes projettent ou confirment des représentations de la féminité, de la masculinité, du conjugal, de l'opposition sexe/amour ou de l'idée de bonheur caractéristiques de mutations africaines contemporaines.

Examinés dans leur rapport avec le modèle européen, ils offrent l'intérêt supplémentaire de souligner tout un mécanisme de transposition narrative lui aussi révélateur. Comment, par exemple, au-delà du simple changement de décor, une africanité de l'économie libidinale s'exprime-t-elle? Quels discours sur l'érotisme, la promiscuité, la responsabilité parentale, le «coup de foudre» portent la marque d'un contexte spécifiquement africain où se pose, par exemple, la question du marchandage du sexe? Comment le langage même (dans ses ellipses, ses périphrases, ses métaphores) fabrique-t-il de l'érotisme? Que dit le choix des espaces de rencontre, des catégories socioprofessionnelles affectées à chaque sexe, des obstacles à l'amour, des dénouements portent-ils la marque de déplacements fantasmagoriques nouveaux? Une critique de type féministe, qui analyserait les constructions de la féminité (et de la virilité) dans ce type de récits poserait sans aucun doute un regard novateur sur ce corpus en tant que site de nouvelles constructions du genre. D'autres études, portant sur les représentations de classe, s'avèreraient tout aussi fructueuses, comme le serait celles, plus générales, centrées sur l'idée du bonheur individuel tel qu'il se redéfinit en Afrique aujourd'hui.

La littérature enfantine

Le troisième et dernier espace littéraire «marginal» qui mérite d'être mentionné est la littérature de jeunesse. Traditionnellement, la littérature «enfance» ou «jeunesse» n'entre pas dans ce qu'on appelle la «littérature» dans le sens où elle ne constitue pas une discipline d'étude académique, les textes n'étant pas étudiés dans les universités, ne figurant pas au catalogue des bibliothèques, ne donnant pas lieu à des thèses; et les auteurs n'en sont généralement pas connus, à moins qu'ils n'aient intégré cet espace en passant par la plus grande porte du roman, de la poésie ou du théâtre. Or, comme dans le cas du roman sentimental, même si le lectorat et les intentions d'écriture sont extrêmement différents, il s'agit d'un corpus qui frappe aujourd'hui par son dynamisme. S'il y a bien un lieu où une politique éditoriale a véritablement transformé le marché du livre et les habitudes de lecture en Afrique, c'est bien la littérature de jeunesse. Ces vingt dernières années sont marquées par l'apparition de textes destinés spécifiquement aux enfants et aux adolescents d'origine africaine. Assurée en grande partie par les collections des Nouvelles éditions africaines, CEDA, EDICEF, le Figuier, et Hatier, la production est en pleine expansion depuis 1980. L'éventail des récits proposés est varié, allant des contes et légendes africains aux histoires inédites, en passant par la biographie de figures historiques africaines.

Cette littérature est prise en charge par des écrivains accomplis, et frappe par sa qualité. Il ne s'agit pas d'une simple adaptation des récits aux cultures africaines, mais un véritable travail d'écriture y est à l'œuvre. Au-delà du recentrement délibéré sur le sujet africain, la littérature de jeunesse doit être considérée pour la valeur esthétique des imaginaires qu'elle propose, à travers la narration autant que les illustrations qui l'accompagnent. Autrement dit, la littérature de jeunesse est prise au sérieux autant par les éditeurs qui multiplient les collections ciblées par tranche d'âge que par les auteurs: une des caractéristiques notoires du corpus des quelque 250 textes recensés (base Litaf) est la récurrence d'auteurs accomplis et reconnus dans la poésie, le théâtre ou le roman. En écrivant aussi des livres pour enfants, des auteurs comme Véronique Tadjo, Florent Couao-Zotti, Amadou Hampaté Bâ, Tanella Boni, Simon Njami, Jean-Marie Adiaffi, Nafissatou Diallo, Fatou Keita, Caya Makhélé, donnent en quelque sorte tutelle et caution à ce qui est devenu, ces dernières années surtout, un genre majeur de la littérature africaine.

La littérature de jeunesse n'a pas eu sa Négritude, ni son roman engagé. Jusqu'à une date très récente, les seuls livres disponibles étaient ceux destinés à un public de petits Français blancs. Les conséquences de cette extériorité pour l'enfant africain sont évidentes, et se posent en termes d'identification/aliénation. En effet, s'il est évident que tout processus de lecture implique un décalage entre l'univers fictif et le destinataire du texte, dans le cas de l'enfant africain, ce décalage est problématique. En l'espèce, la différence entre la culture représentée et l'expérience vécue est si large qu'elle n'offre même pas la base minimale d'identification nécessaire pour «entrer» dans l'Histoire. Dans les textes européo-centrés, le présupposé de lectorat et la norme culturelle font que tout est étranger à l'enfant africain: physionomie des personnages, pratiques culinaires, vestimentaires, religieuses, organisation et codes familiaux, climat, faune et flore signalent à chaque page l'absence de ressemblance. Ce que l'enfant africain lit, l'imaginaire auquel il a accès dans ce genre de récits est, de toutes pièces, l'imaginaire de l'Autre. La conséquence, et le plus grand danger de ce manque d'adéquation minimale est que les repères de l'univers fictif, dans leur répétition, s'imposent en valeurs universelles d'où sont exclues les valeurs africaines. Une représentation normative des valeurs fondamentales à l'enfant (comme la famille, par exemple) entre en compétition avec le réel, faisant le lit d'une aliénation qui s'articule, finalement, dans les mêmes termes que celle de l'éducation scolaire européo-centrée. Proposer des récits qui surmontent ce décalage revient à ériger véritablement la maison—où les livres sont lus aux enfants—en un lieu de reculturation, de réaffirmation de soi et de prise de conscience positive de la différence.

Dans le cas des jeunes d'origine africaine vivant en France, la nécessité de cette alternative est plus vive encore, puisque c'est à la maison que se négocient les modes d'une bi-culturalité que l'école républicaine dénie souvent. En plus d'une activité de loisir resserrant les liens familiaux, les enfants d'immigrés africains résidant en France trouvent dans les nouveaux textes un reflet de la diversité démographique, raciale et religieuse de la France à laquelle ils participent. N'étant plus systématiquement exclus du livre comme c'était le cas il y a vingt ans, on peut espérer qu'ils acquièrent un nouveau rapport à celui-ci, bref, qu'ils prennent goût à une lecture qui ne renvoie plus uniquement à l'imaginaire de l'Autre. Le fait est d'autant plus vrai pour les enfants vivant en Afrique, pour qui le décalage entre l'univers du livre et la réalité est encore plus flagrant, et pour qui le rapport à la langue française se pose de manière accrue. Pour eux comme pour les deuxième ou troisième génération de jeunes d'origine africaine en France, la nouvelle littérature enfantine d'aujourd'hui renforce le phénomène d'affirmation et de validation, dans l'espace du livre, de la diversité des subjectivités africaines.

Comme le roman sentimental, la littérature de jeunesse recèle un potentiel d'analyse sociologique indéniable. Elle pose dans une perspective nouvelle, par exemple, la question du rapport de l'écrivain à son public qui a été l'un des débats les plus ardents des générations précédentes. En quoi l'apparition de ce public spécifique modifie-t-il les termes de la «mission de l'écrivain africain», leitmotiv toujours d'actualité des colloques et entretiens universitaires? La littérature enfantine ne reflète-t-elle pas, précisément, des préoccupations nées de la littérature des adultes? L'enfant serait-il finalement ce public «africain» idéal dont rêvent auteurs et éditeurs? Contrairement au roman sentimental, et comme le roman policier, la littérature de jeunesse ouvre la voie à des recherches critiques bien au-delà de la sociologie. Le corpus de contes, par exemple, entretient un rapport intime avec la tradition orale qu'il serait fructueux d'étudier dans ses différences et similarités avec les entreprises de transcription des contes destinés à un public d'adultes. Quelle négociation moderne de la tradition orale à l'écrit est en jeu dans ces translations? De quelles cultures parle-t-on, et quels en sont les modalités privilégiées? Finalement, s'il s'agit de renforcer les mécanismes d'identification, quelles identités supposées transparaissent dans les nouvelles représentations du sujet et de la société?

Tenter, dans des analyses critiques, de répondre à ces questions, ou du moins de les rapprocher de problématiques similaires dans l'ensemble de la littérature tendrait à abolir la marginalité institutionnelle des récits de jeunesse, une marginalité totalement démentie par les politiques éditoriales, l'engagement des écrivains, les succès grandissant des collections et la qualité des textes mêmes. Alors que les sciences sociales se penchent de plus en plus sur le statut de l'enfant en Afrique, les critiques littéraires aussi devraient commencer à prendre au sérieux la littérature enfantine, en ce qu'elle porte de promesses et témoigne de créativité. Tout ce que la critique occidentale a taxé de «paralittérature», en fait, qu'il s'agisse du roman policier, du roman sentimental ou de la littérature de jeunesse, se révèle à l'analyse, un des domaines les plus féconds et les plus dynamiques de la littérature africaine ces dernières années. Ne serait-ce que pour ce paradoxe, le phénomène vaut la peine d'être examiné de plus près par une nouvelle génération de critiques.

Conclusion

Malgré la diversité de la production littéraire africaine de la période comprise entre 1980 et la fin du siècle, il est possible, à l'issue de cette étude, d'en saisir quelques-uns des reliefs. De la « coupe franche » proposée au départ ressort en effet un certain nombre de groupes, ou groupements nouveaux d'auteurs qui, loin d'être en compétition, enrichissent chacun à leur manière cet espace hétérogène qu'est la littérature africaine francophone. D'abord, la présence et la vitalité des auteurs des générations précédentes, qui ne s'en sont pas limités à un seul «chef-d'œuvre», apportent aux lettres africaines une légitimité accrue. Un canon solide existe aujourd'hui, fait d'auteurs nés avant les Indépendances tels que Ahmadou Kourouma, Mongo Beti, Henri Lopes ou Boubacar Boris Diop dans le genre romanesque, Tchicaya U Tamsi, Massan Diabaté ou Werewere Liking en théâtre, Jean-Baptiste Tati Loutard, Paul Dakeyo ou Jean-Marie Adiaffi en poésie.

Par ailleurs, d'autres auteurs dont les premiers textes paraissent autour de 1980 sont venus prendre place aux côtés de leurs aînés, et se sont imposés, à la faveur d'une fréquence de publication de beaucoup supérieure aux décennies précédentes, comme les auteurs-phares de leur époque. Parmi ceux-ci se distinguent surtout des romanciers comme Tierno Monenembo, Ken Bugul, Tanella Boni, Sony Labou Tansi, Calixthe Beyala, Véronique Tadjo, et, plus récemment, Abdourahmane Waberi ou Achille Ngoye. Chez les nouveaux venus, c'est la présence des femmes qui constitue la transformation la plus notoire, étant donné qu'elles étaient quasiment absentes avant la date symbolique de 1980. À l'heure actuelle, c'est à la production féminine que la critique semble s'intéresser le plus, comme en témoigne le nombre d'études critiques parues ces cinq dernières années, et par opposition à la relative pauvreté de la critique quant au reste de la production littéraire.

La deuxième transformation marquante est due à l'émergence de toute une génération d'écrivains vivant en France, dont les textes recèlent de récurrences frappantes, tant au niveau de la forme que du contenu: migration, exil, clandestinité, métissage et questionnement de l'identité sont réécrits dans ces nouvelles fictions africaines au point de remettre en question la notion même de l'africanité du texte et de ses producteurs. Par ailleurs, l'éclatement relatif du monopole de la France, les revendications de patrimoines littéraires nationaux et la pluralité des structures éditoriales disponibles n'ont fait que renforcer le caractère pluriel, sinon hybride de l'espace littéraire africain. La reconfiguration des jeux d'affiliation de l'écrivain contemporain est un des défis que devra relever à l'avenir toute critique consciente de ses propres arbitraires méthodologiques, plus d'un siècle après l'avènement historique de la «littérature négro-africaine d'expression française».

La langue, quant à elle, varie dans le corpus étudié du mimétisme peu fécond aux innovations les plus remarquables, en passant par le classicisme rigoureux de certains. C'est lorsqu'elle n'est pas «respectée», lorsqu'elle se livre à des «créolisations» audacieuses en intégrant les registres syntactiques et lexicaux de langues africaines et du français parlé en Afrique que la langue française pratiquée par ces auteurs africains est à son comble de créativité.

C'est le cas dans un secteur encore marginalisé des Belles-Lettres, le roman policier, appelé aussi néo-polar, et qui a tenté de nombreux auteurs ces quinze dernières années. Au roman d'espionnage se sont substitués des récits qui frappent par leur littérarité, c'est-à-dire par un travail sur la langue et sur la forme qui n'a rien à envier à certains des romans plus classiques. Moins littéraires peut-être, mais tout aussi «signifiants» en tant que mutation culturelle, les romans sentimentaux qui font leur apparition dans les années quatre-vingt-dix réintègrent l'objet livre et la lecture dans le quotidien africain, et méritent en tant que phénomène socioculturel au moins l'attention de tous ceux qui s'intéresseraient au «fait littéraire» dans son ensemble. Enfin, toujours dans le secteur de la littérature populaire, le dynamisme de la production enfantine et de jeunesse est à retenir. Bien qu'aucune conclusion ne peut être tirée à court terme, elle annonce pour les générations futures un processus de reculturation prometteur quant au nouveau rapport au livre qu'elle est en train de générer.

La production des femmes mise à part peut-être, la critique n'a pas suivi le même formidable essor que la fiction. Alors que celle-ci se renouvelle de manière spectaculaire, la critique demeure enfermée, semble-t-il, dans des habitudes herméneutiques vieilles de maintenant plusieurs décennies.

Le mode dominant d'interprétation de la production africaine dans les années 1940 et 1950 est celui par lequel on assigne à l'œuvre littéraire une valeur de document, de témoignage. Objet étrange et étranger, le texte écrit par un africain était censé montrer au public français la «vraie» Afrique, incomprise ou défigurée dans la littérature coloniale. La tâche du critique européen consistait à guider le lecteur, en identifiant dans le texte ce qui renvoyait à une «réalité»: liens autobiographiques entre auteur et narrateur/poète; éléments de l'univers romanesque qui permettent de saisir l'Afrique réelle ou authentique, formes et modes de rapports humains témoignant de structures sociales attestées, discours sur l'Afrique donnant lieu à un diagnostic de type eschatologique, repérages topographiques, accent sur la psychologie collective (racial, africain) plutôt qu'individuelle, la liste est longue des pratiques confirmant que «l'une des caractéristiques du discours critique consacré à la littérature africaine est la recherche des phénomènes extérieurs dont l'œuvre serait le reflet» (**Mateso**).

En bref, les premiers critiques littéraires, dans leur ensemble, privilégiaient des lectures de type anthropologique ou sociologique, destinées moins à examiner la littérarité des œuvres que la teneur d'authenticité et de représentativité dans la voix des premiers écrivains dits «négro-africains».

À partir des années soixante-dix, le rapport au texte change radicalement sous l'influence de divers mouvements de la pensée française autour du structuralisme. Parmi eux, on citera surtout la sociocritique, ou sociologie littéraire marxiste (Goldmann et Lukács); la linguistique (Saussure, Jakobson); la narratologie (Barthes, Greimas, Todorov, Genette); la philosophie et les sciences politiques (Foucault, Althusser), la psychanalyse (Lacan). Ces disciplines parfois très distinctes et parfois conjuguées donnent aux critiques des outils méthodologiques nouveaux leur permettant de sortir la production africaine de la lecture exotisante. Mouvement de contestation des approches traditionnelles, voire rupture épistémologique (Mateso), le recours au structuralisme a amené au devant de la scène littéraire toute une génération de critiques africains qui font aujourd'hui autorité (Mouralis, Nkashama, Gassama, Tidjani-Serpos). Vingt ans plus tard, où en est la critique littéraire? La «coupure épistémologique» que constatait Mateso dans les années quatre-vingt s'est-elle confirmée? En quoi s'est-elle transformée?

Si l'on prend critique dans le sens de théorisations fournissant un ensemble de concepts suffisamment abstraits pour contribuer à l'analyse de la littérature en général, il faut reconnaître la pauvreté de la critique littéraire quant à la production africaine. De ce fait, tout critique s'engage, au niveau théorique, dans un processus de «bricolage» à partir d'une pluralité d'approches, parfois empruntées à la philosophie (Derrida, Deuleze), à la sociologie (Bourdieu), à la tradition critique littéraire française (Ricœur, Genette), ou plus récemment, à la critique nord-américaine.

Quelques espoirs de renouvellement se dessinent cependant. Les travaux de Jean-Godefroy Bidima, tout en s'inscrivant dans une continuité de réflexion philosophique africaine depuis Paulin Houtondji et Valentin Mudimbe, ouvrent les problématiques du sujet africain à des considérations contemporaines (État, démocratie, parole) aisément «récupérables» pour la littérature. Dans la même veine, les travaux d'Achille Mbembe, à mi-chemin entre les sciences politiques et la philosophie, se donnent sur le mode d'une déconstruction des discours et des pratiques culturels contemporains dont les concepts (post-colonie) sont tout à fait opératoires pour la production littéraire. En France, Jean-Marc Moura propose une reconfiguration historiographique empruntée à la critique anglo-saxonne, avec la notion de «littérature post-coloniale», qui pourrait bien se substituer dans les décennies à venir à celle de «francophonie». Aujourd'hui, les approches traditionnelles ne suffisent plus à rendre compte de tout un corpus qui refuse les catégories assignées par la critique il y a trente ans. La tâche revient aux critiques des générations futures de lui rendre justice, en faisant l'effort de partir de ce que les textes disent et font pour continuer à re-présenter l'Afrique et le sujet africain dans des fictions nouvelles et originales. Nous espérons que ce document leur aura donné l'envie et les moyens de s'y atteler.

Bibliographie

Adiaffi, Anne-Marie (Côte d'Ivoire), 1984, *Une vie hypothéquée*, NEA-Abidjan. [roman]
Adiaffi, Jean-Marie (Côte d'Ivoire), 1980, *D'éclairs et de foudre*, CEDA. [poésie]
Adiaffi, Jean-Marie (Côte d'Ivoire), 1980, *La carte d'identité*, Hatier. [roman]
Adiaffi, Jean-Marie (Côte d'Ivoire), 1983, *La légende de l'éléphanteau*, Éditions de l'Amitié. [jeunesse]
Adiaffi, Jean-Marie (Côte d'Ivoire), 1992, *Silence on développe*, Nouvelles du Sud. [théâtre]
Bâ, Amadou Hampâté (Mali), 1992, *Amkoullel, l'enfant peul*, Actes Sud. [mémoires]
Bâ, Amadou Hampâté (Mali), 1994, *Le petit frère l'Amkoullel*, Syros. [jeunesse]
Bâ, Amadou Hampâté (Mali), 1994, *Oui mon Commandant*, Actes Sud. [mémoires]
Bâ, Amadou Hampâté (Mali), 1999, *Il n'y a pas de petite querelle*, Stock. [roman]
Ba, Mariama (Sénégal), 1979, *Une si longue lettre*, NEA-Dakar. [roman]
Ba, Mariama (Sénégal), 1982, *Un chant écarlate*, NEA-Dakar. [roman]
Barry, Kesso (Sénégal), 1988, *Kesso, princesse peuhle*, Seghers. [autobiographie]
Bemba, Sylvain (Congo), 1979, *Rêves portatifs*, NEA. [roman]
Bemba, Sylvain (Congo), 1982, *Le soleil est parti à M'Pemba*, Présence Africaine. [roman]
Bemba, Sylvain (Congo), 1984, *Léopolis*, Hatier.
Bessora (Gabon), 1998, *53 cm*, Serpent à Plumes. [roman]
Bessora (Gabon), 2000, *Taches d'encre*, Serpent à Plumes. [roman]
Beti, Mongo (Cameroun), 1994, *L'histoire du fou*, Julliard. [roman]
Beti, Mongo (Cameroun), 1999, *Trop de soleil tue l'amour*, Julliard. [roman]
Beti, Mongo (Cameroun), 2000, *Branle-bas en noir et blanc*, Julliard. [roman]
Beyala, Calixthe (Cameroun), 1987, *C'est le soleil qui m'a brûlée*, Stock. [roman]
Beyala, Calixthe (Cameroun), 1988, *Tu t'appelleras Tanga*, Stock. [roman]
Beyala, Calixthe (Cameroun), 1990, *Seul le diable le savait*, Le Pré aux Clercs. [roman]
Beyala, Calixthe (Cameroun), 1992, *Le petit prince de Belleville*, Albin Michel. [roman]

Beyala, Calixthe (Cameroun), 1993, *Maman a un amant*, Albin Michel. [roman]
Beyala, Calixthe (Cameroun), 1994, *Assèze l'Africaine*, Albin Michel. [roman]
Beyala, Calixthe (Cameroun), 1996, *Les honneurs perdus*, Albin Michel. [roman]
Beyala, Calixthe (Cameroun), 1998, *La petite fille du réverbère*, Albin Michel. [roman]
Bidima, Jean-Godefroy, 1997, *La Palabre. Une juridiction de la parole*, Michalon.
Borogomano, Madeleine, 1989, *Voix et visages de femmes dans les livres écrits par des femmes en Afrique francophone*, CEDA.
Biyaoula, Daniel (Congo), 1997, *L'impasse*, Présence Africaine. [roman]
Biyaoula, Daniel (Congo), 1998, *Agonies*, Présence Africaine. [roman]
Bolya, Baenga (Rep. Congo), 1986, *Cannibale*, Pierre Marcel Favre. [polar]
Bolya, Baenga (Rep. Congo), 1998, *La Polyandre*, Le Serpent à Plumes. [polar]
Bolya, Baenga (Rep. Congo), 2000, *Les cocus posthumes*, Le Serpent à Plumes. [polar]
Boni, Tanella (Côte d'Ivoire), 1984, *Labyrinthe*, NEA. [poésie]
Boni, Tanella (Côte d'Ivoire), 1990, *Une vie de crabe*, NEAS. [roman]
Boni, Tanella (Côte d'Ivoire), 1991, *De l'autre côté du soleil*, EDICEF. [jeunesse]
Boni, Tanella (Côte d'Ivoire), 1992, *La fugue d'Ozone*, NEA/EDICEF. [jeunesse]
Boni, Tanella (Côte d'Ivoire), 1993, *Grains de sable*, Le Bruit des autres. [poésie]
Boni, Tanella (Côte d'Ivoire), 1995, *Les baigneurs du lac rose*. NEAS. [roman]
Boni, Tanella (Côte d'Ivoire), 1999, *Il n'y a pas de parole heureuse*, Le Bruit des autres. [poésie]
Bugul, Ken (Sénégal), 1982, *Le baobab fou*, NEA- Dakar. [roman]
Bugul, Ken (Sénégal), 1994, *Cendres et braises*, L'Harmattan. [roman]
Bugul, Ken (Sénégal), 1999, *Riwan ou le chemin de sable*, Présence Africaine.
Caëver, Françoise, 1998, *Ces Écrivains d'Afrique noire*, Nouvelles du Sud.
Cavally, Jeanne de, 1985, *Bley et sa bande*, NEA-Abidjan. [jeunesse]
Cavally, Jeanne de, 1987, *Cocohi le petit poussin jaune*, NEA-Abidjan. [jeunesse]
Cazenave, Odile, 1996, *Femmes rebelles. Naissance d'un nouveau roman au féminin*, L'Harmattan.
Chemain, Roger, 1986, *L'imaginaire dans le roman africain*, L'Harmattan.
Chevrier, Jacques éd., 1988, *Anthologie africaine d'expression française: La poésie* (vol 1), Hatier.
Chevrier, Jacques éd., 1996, Anthologie africaine d'expression française: La poésie (vol 2), Hatier.
Chevrier, Jacques et Traore, Amadou Tidiane, 1988, *Littérature africaine, Histoire et grands thèmes*, Hatier.
Chevrier, Jacques, 1981, *Anthologie africaine*, Hatier.

Chevrier, Jacques, 1984, *Littérature nègre*, Nathan.

Clavreuil, Gérard, 1988, *Érotisme et littérature*, Afrique noire, Caraïbes, Océan Indien, Hatier.

Conteh-Morgan, John, 1994, *Theatre and Drama in Francophone Africa. A critical introduction*, Cambridge University Press.

Cornaton, Michel, 1990, *Pouvoir et sexualité dans le roman africain. Analyse du roman africain contemporain*, L'Harmattan.

Couao-Zotti, Florent (Benin), 1997, *Un enfant dans la guerre*, Eds Haho, Lomé. [jeunesse]

Couao-Zotti, Florent (Benin), 1998, *Notre pain de chaque nuit*, Le Serpent à Plumes. [roman]

Coulon, Virginia, *Base bibliographique LITAF. CD-Rom*, Université de Bordeaux.

Dabla, Sewanou, 1986, *Nouvelles écritures africaines. Romanciers de la seconde génération*, L'Harmattan.

Dakeyo, Paul, 1989. *La femme où j'ai mal*. Silex.

Dalmeida, Irène, 1994, *Francophone African Women Writers: Destroying the Emptiness of Silence*, University of Florida Press.

Delas, Daniel et Deltel, Danielle, 1994, *Voix nouvelles du roman africain*, Université Paris X.

Diabaté, Massa Makan, 1979, *Le lieutenant de Kouta*, Hatier. [roman]

Diabaté, Massa Makan, 1980, *Comme une piqûre de guêpe*, Présence Africaine. [roman]

Diabaté, Massa Makan, 1980, *Le coiffeur de Kouta*, Hatier. [roman]

Diabaté, Massa Makan, 1982, *Le boucher de Kouta*, Hatier. [roman]

Diabaté, Massa Makan, 1985, *L'assemblée des djinns*, Présence Africaine. [roman]

Diabaté, Massa Makan, 1988, *Une hyène à jeun*, Hatier. [théâtre]

Diallo, Nafissatou (Sénégal), 1981, *Awa la petite marchande*, NEA-Dakar/EDICEF. [jeunesse]

Diallo, Nafissatou (Sénégal), 1984, *Le fort maudit*, Hatier. [roman]

Diallo, Nafissatou (Sénégal), 1987, *La princesse de Tiali*, NEA-Dakar. [jeunesse]

Diop, Boubacar Boris (Sénégal), 1981, *Le temps de Tamango*, L'Harmattan. [roman]

Diop, Boubacar Boris (Sénégal), 1990, *Les tambours de la mémoire*, L'Harmattan. [roman]

Diop, Boubacar Boris (Sénégal), 1993, *Les traces de la meute*, L'Harmattan. [roman]

Diop, Boubacar Boris (Sénégal), 1997, *Le cavalier et son ombre*, Stock. [roman]

Diop, Boubacar Boris (Sénégal), 2000, *Murambi, le livre des ossements*, Stock. [roman]

Diouri, Aïcha (Sénégal), 1990, *La mauvaise passe*, Khoudia. [roman]

Dongala, Emmanuel (Congo), 1987, *Jazz et vin de palme*, Hatier. [roman]

Dongala, Emmanuel (Congo), 1998, *Les petits garçons aussi naissent des étoiles*, Serpent à Plumes. [roman]

Dongala, Emmanuel (Congo), 1987, *Le feu des origines*, Albin Michel. [roman]

Effa, Gaston-Paul, 1993, *La saveur de l'ombre*, L'Harmattan. [roman]

Effa, Gaston-Paul, 1996, *Tout ce bleu*, Grasset. [roman]

Effa, Gaston-Paul, 1998, *Mâ*, Grasset. [roman]

Effa, Gaston-Paul, 2000, *Le cri que tu pousses ne réveillera personne*, Gallimard. [roman]

Efoui, Kossi, 1998, *La polka*, Seuil. [roman]

Gassama, Makhily, Kuma, 1978, *Interrogation sur la littérature nègre de langue française*, NEA-Dakar.

Gérard, Albert, 1984, *Essai d'histoire littéraire africaine*, Naaman/ACCT.

Gilroy, Paul, 1993, *The Black Atlantic. Modernity and Double Consciousness*, Harvard University Press.

Guèye, Asse, 1986, *No woman, no cry*, L'Harmattan. [polar]

Guèye, Asse, 1998, *Negerkuss*, NEA-Dakar. [polar]

Harrow, Kenneth W., 1994, *Thresholds of Change in African Literatures. The Emergence of a Tradition*, Heinemann/James Currey.

Herzberger-Fofana, Pierrette, 1985, *La littérature enfantine et pour la jeunesse: le cas du Sénégal*, Komparatische-Hefte (Bayreuth).

Hitchcott, Nicki, 2000, *Women Writers in Francophone Africa*, Ed. Berg.

Huannou, Adrien, 1989, *La question des littératures nationales en Afrique noire*, CEDA.

Joubert, Jean-Louis et J. Lecarme, 1986, *Les littératures francophones depuis 1945*, Bordas.

Jules-Rosette, Benetta, 1998, *Black Paris. The African Writers' Landscape*, University of Illinois Press.

Kane, Cheikh Hamidou, 1996, *Les Gardiens du temple*, Stock. [roman]

Kane, Mohamadou, 1983, *Roman africain et tradition*, NEA.

Karone, Yodi (Cameroun), 1980, *Le bal des caïmans*, Karthala. [roman]

Karone, Yodi (Cameroun), 1982, *Nègre de paille*, Silex. [roman]

Karone, Yodi (Cameroun), 1988, *À la recherche du cannibale amour*, Nathan. [roman]

Karone, Yodi (Cameroun), 1988, *Les beaux gosses*, Publisud. [roman]

Keita, Fatou, 1996, *La voleuse de sourires*, NEI. [jeunesse]

Keita, Fatou, 1996, *Le petit garçon bleu*, NEI. [jeunesse]
Keita, Fatou, 1997, *Sinabani, la petite dernière*, NEI. [jeunesse]
Keita, Fatou, 1998, *La voleuse de sourires*, Akpagnon. [jeunesse]
Keita, Fatou, 1998, *Rebelle*, NEI. [roman]
Kesteloot, Lilyan, 1977, *Les écrivains noirs de langue française: Naissance d'une littérature*, Université de Bruxelles. [1963]
Kom, Ambroise, 1983, Dictionnaire des œuvres littéraires négro-africaines de langue française, Naaaman/ACCT.
Konaté, Moussa (Mali), 1981, *Le prix de l'âme*, Présence Africaine.
Konaté, Moussa (Mali), 1985, *L'or du diable*, suivi de *Le cercle au féminin*, L'Harmattan. [théâtre]
Konaté, Moussa (Mali), 1985, *Une aube incertaine*, Présence Africaine. [roman]
Konaté, Moussa (Mali), 1986, *Le fils du chaos*, L'Harmattan.
Konaté, Moussa (Mali), 1989, *Les saisons*, Le Figuier.
Konaté, Moussa (Mali), 1997, *Sitan, la petite imprudente*, Le Figuier. [jeunesse]
Konaté, Moussa (Mali), 1997, *Barou et sa méchante marâtre*, Le Figuier. [jeunesse]
Konaté, Moussa (Mali), 1997, *La longue marche des animaux assoiffés*, Le Figuier. [jeunesse]
Konaté, Moussa (Mali), 1998, *Douze hommes extraordinaires*, Le Figuier. [jeunesse]
Konaté, Moussa (Mali), 1998, *Goorgi*, Le Figuier.
Konaté, Moussa (Mali), 1998, *Le commissaire Habib: L'assassin du Baconi*, Le Figuier. [polar]
Konaté, Moussa (Mali), 1998, *Le commissaire Habib: L'honneur des Keita*, Le Figuier. [policier]
Koné, Amadou (Côte d'Ivoire), 1980, *Le respect des morts*, Hatier. [théâtre]
Koné, Amadou (Côte d'Ivoire), 1980, *Les liens*, CEDA. [roman]
Koné, Amadou (Côte d'Ivoire), 1980, *Traites*, NEA-Abidjan. [roman]
Koné, Amadou (Côte d'Ivoire), 1982, *Courses*, NEA-Abidjan. [roman]
Koné, Amadou (Côte d'Ivoire), 1984, *Les canaris sont vides*, NEA-Abidjan. [théâtre]
Koné, Amadou (Côte d'Ivoire), 1997, *Les coupeurs de tête*, Sepia. [roman]
Koné, Amadou, 1985, *Du récit oral au roman. Étude sur les avatars de la tradition héroïque dans le roman africain*, CEDA.
Kourouma, Ahmadou (Mali), 1990, *Monnè, outrages et défis*, Seuil. [roman]
Kourouma, Ahmadou (Mali), 1998, *En attendant le vote des bêtes sauvages*, Seuil. [roman]
Kourouma, Ahmadou (Mali), 1998, *Yacouba, chasseur africain*, Gallimard. [jeunesse]
Kourouma, Ahmadou (Mali), 1999, *Le chasseur, héros africain*, Ed. Grandir. [jeunesse]

Kourouma, Ahmadou (Mali), 1999, *Le Griot, homme de paroles*, Ed Grandir. [jeunesse]
Kourouma, Ahmadou (Mali), 2000, *Allah n'est pas obligé*, Seuil.[roman]
Labou Tansi, Sony (Congo), 1979, *La vie et demie*, Seuil.[roman]
Labou Tansi, Sony (Congo), 1981, *Je soussigné cardiaque*, Hatier. [théâtre]
Labou Tansi, Sony (Congo), 1981, *La parenthèse de sang*, Hatier. [théâtre]
Labou Tansi, Sony (Congo), 1981, *L'état honteux*, Seuil. [roman]
Labou Tansi, Sony (Congo), 1983, *L'Anté peuple*, Seuil.[roman]
Labou Tansi, Sony (Congo), 1985, *Les sept solitudes de Lorsa Lopez*, Seuil. [roman]
Labou Tansi, Sony (Congo), 1985, *Les yeux du volcan*, Seuil. [roman]
Labou Tansi, Sony (Congo), 1995, *Poèmes et vents lisses*, Le bruit des autres. [poésie]
Larrier, Renée, 2000, *Francophone Women Writers of Africa and the Caribbean*, University of Florida Press.
Lee, Sonia, 1994, *Les romancières du continent noir*, Hatier.
Liking, Werewere (Cameroun), 1980, *Une nouvelle terre*, NEA. [théâtre]
Liking, Werewere (Cameroun), 1981, *Orphée dafric*, L'Harmattan.
Liking, Werewere (Cameroun), 1983, *Elle sera de jaspe et de corail*, L'Harmattan. [roman-poésie]
Liking, Werewere (Cameroun), 1986, *Les mains veulent dire*, NEA. [théâtre]
Liking, Werewere (Cameroun), 1990, *Singuè mura: Considérant que la femme...*, Ed. Eyo-Ki-Yi.
Liking, Werewere (Cameroun), 1992, *Un Touareg s'est marié à une Pygmée. Epopée m'vet pour une Afrique présente*, Lansman. [théâtre]
Lopes, Henri (Congo-B), 1982, *Le pleurer-rire*, Présence Africaine. [roman]
Lopes, Henri (Congo-B), 1990, *Le chercheur d'Afriques*, Seuil. [roman]
Lopes, Henri (Congo-B), 1992, *Sur l'autre rive*, Seuil. [roman]
Lopes, Henri (Congo-B), 1997, *Le lys et le flamboyant*, Seuil. [roman]
Mabanckou, Alain (Congo-B), 1995, *L'usure des lendemains*, Nouvelles du Sud. [poésie]
Mabanckou, Alain (Congo-B), 1995, *La légende de l'errance*, L'Harmattan. [poésie]
Mabanckou, Alain (Congo-B), 1997, *Les arbres aussi versent des larmes*, L'Harmattan. [poésie]
Mabanckou, Alain (Congo-B), 1998, *Bleu blanc rouge*, Présence Africaine. [roman]
Mad, Lucio, 1995, *Les trafiqueurs*, Gallimard. [polar]
Mad, Lucio, 1997, *Paradis B*, Gallimard. [polar]
Magnier, Bernard ed., 1995, *Poésie d'Afrique au Sud du Sahara, 1945-1995*, Actes Sud/UNESCO.

Makouta-Mboukou, Jean-Pierre, 1980, *Les grands traits de la poésie négro-africaine*, NEA.
Mateso, Locha, 1986, *La littérature africaine et sa critique*, Karthala.
Mateso, Locha, 1997, *Anthologie d'Afrique noire d'expression française*, Hatier. [1987]
Midiohouan, Guy Ossito, 1986, *L'idéologie dans la littérature négro-africaine d'expression française*, L'Harmattan.
Monenembo, Tierno (Guinée), 1985, *Pelhourihno*, Seuil. [roman]
Monenembo, Tierno (Guinée), 1981, *Un rêve utile*, Seuil. [roman]
Monenembo, Tierno (Guinée), 1979, *Les crapauds-brousse*, Seuil. [roman]
Monenembo, Tierno (Guinée), 1986, Les écailles du ciel, Seuil. [roman]
Monenembo, Tierno (Guinée), 1997, *Cinéma*, Seuil. [roman]
Mortimer, Mildred, 1990, *Journeys through the African Novel*, Heinemann.
Moura, Jean-Marc, 1999, *Littératures francophones et théorie post-coloniale*, Presses Universitaires de France.
Mouralis, Bernard, 1975, *Les contre-littératures*, Presses Universitaires de France.
Mouralis, Bernard, 1984, *Littérature et développement*, Silex.
Mudimbe, Valentin, 1982, *L'odeur du père. Essai sur les limites de la science et de la vie en Afrique noire*, Présence Africaine.
Ngal, Georges, 1994, *Création et rupture en littérature africaine*, L'Harmattan.
Ndao, Cheikh Alioune (Sénégal), 1983, *Du sang pour un trône*, NEA-Dakar. [théâtre]
Ndao, Cheikh Alioune (Sénégal), 1983, *Excellence, vos épouses!*, NEA-Dakar. [roman]
Ndione, Abassane (Sénégal), 1988, *La vie en spirale II*, NEA-Dakar. [polar]
Ndione, Abassane (Sénégal), 1998, *La vie en spirale*, NEA-Dakar, 1984. Réed. Gallimard série noire. [polar]
Ndong Mbeng, Hubert Freddy (Gabon), 1992, *Les matitis*, SEPIA. [roman]
Ngandu Nkashama, Pius, 1986, *L'Afrique noire en poésie*, Gallimard.
Ngandu Nkashama, Pius, 1993, *Les années littéraires en Afrique (1912-1987)*, L'Harmattan.
Ngoye, Achille (Rep. Congo), 1993, *Kin la joie, Kin la folie*, L'Harmattan. [roman]
Ngoye, Achille (Rep. Congo), 1996, *Agence Black Bafoussa*, Gallimard série noire. [polar]
Ngoye, Achille (Rep. Congo), 1998, *Sorcellerie à bout portant*, Gallimard série noire. [polar]
Ngoye, Achille (Rep. Congo), 1998, *Yaba Terminus*, Le Serpent à Plumes, coll. Serpent noir. [nouvelles]
Njami, Simon (Cameroun), 1987, *Cercueil et cie*, Éditions Lieu Commun. [roman]

Njami, Simon (Cameroun), 1987, *Les enfants de la cité*, Gallimard. [jeunesse]
Njami, Simon (Cameroun), 1989, *African gigolo*, Seghers.[roman]
Njami, Simon (Cameroun), 1989, *Les clandestins*, Gallimard. [jeunesse]
Njehoya, Blaise (Cameroun), 1988, *Le nègre potemkine*, Éditions Lieu Commun. [roman]
Nzau, Antonio,1984, *Traite au Zaïre*, L'Harmattan, collection Polars noirs. [polar]
Ormerod, Berverly et Volet, Jean-Marie, 1994, *Romancières africaines d'expression française: le sud du Sahara*, L'Harmattan.
Pliya, Jean (Bénin), 1981, *Kondo le requin*, CLE. [théâtre]
Rawiri, Angèle (Gabon), 1980, *Elonga*, Paris, Silex. [roman]
Rawiri, Angèle (Gabon), 1983, *G'amèrakano: au carrefour*, Silex. [roman]
Ricard, Alain, 1986, *L'invention du théâtre*, L'Âge d'homme.
Ricard, Alain, 1995, *Littératures d'Afrique noire. Des langues aux livres*, Karthala.
Rouch, Alain et Clavreuil, Gérard, 1986, *Littératures nationales d'écriture française*, Bordas.
Rouch, Alain et Clavreuil, Gérard, 1991, *Crisscrossing the Boundaries in African Literature*, Three Continents Press.
Sall, Babacar (Sénégal), 1985, *Les voix de l'aube*, Silex. [poésie]
Sall, Babacar (Sénégal), 1994, *Visages d'homme*, L'Harmattan. [poésie]
Sall, Babacar (Sénégal), 1996, *Le poème blessé*, L'Harmattan. [poésie]
Sall, Babacar (Sénégal), 1998, *Le lit de sable*, L'Harmattan. [poésie]
Sall, Babacar (Sénégal), 1998, *Le sang des collines*, L'Harmattan. [poésie]
Sassine, William (Guinée), 1979, *Le jeune homme de sable*, Présence Africaine.[roman]
Sassine, William (Guinée), 1982, *L'alphabête*. [contes]
Sassine, William (Guinée), 1994, *Légende d'une vérité*. [théâtre]
Sassine, William (Guinée), 1996, *Les indépendantristes*. [théâtre]
Sassine, William (Guinée), 1997, *Mémoire d'une peau*, Présence Africaine (posth.). [roman]
Sassine, William (Guinée), 1985, *Le zéhéro n'est pas n'importe qui*, Présence Africaine. [roman]
Sow Fall, Aminata (Sénégal), 1980, *La grève des Bàttu*, NEA. [roman]
Sow Fall, Aminata (Sénégal), 1982, *L'Appel des arènes*, NEA. [nouvelles]
Stratton, Florence, 1994, *Contemporary African Literature and the Politics of Gender*, Routledge.
Stringer, Susan, 1996, *The Senegalese Novel by Women: Through their own Eyes*, Peter Lang.
Tadjo, Véronique (Côte d'Ivoire), 1984, *Demain un autre jour*, Silex. [poésie]
Tadjo, Véronique (Côte d'Ivoire), 1984, *Latérite*, Hatier. [poésie]

Tadjo, Véronique (Côte d'Ivoire), 1986, *A vol d'oiseau*, Nathan. [roman]
Tadjo, Véronique (Côte d'Ivoire), 1990, *La chanson de la vie et autres histoire*, Hatier/CEDA. [jeunesse]
Tadjo, Véronique (Côte d'Ivoire), 1990, *Le royaume aveugle*, L'Harmattan. [roman]
Tadjo, Véronique (Côte d'Ivoire), 1993, *Le seigneur de la danse*, NEI. [jeunesse]
Tadjo, Véronique (Côte d'Ivoire), 1993, *Mamy Wata et le monstre*, NEI/EDICEF. [jeunesse]
Tadjo, Véronique (Côte d'Ivoire), 1996, *Grand-mère Nanan*, NEI/EDICEF. [jeunesse]
Tadjo, Véronique (Côte d'Ivoire), 1996, *Le grain de maïs magique*, NEI. [jeunesse]
Tadjo, Véronique (Côte d'Ivoire), 1998, *Le bel oiseau et la pluie*, NEI. [jeunesse]
Tadjo, Véronique (Côte d'Ivoire), 2000, *L'ombre d'Imana. Voyage jusqu'au bout du Rwanda*, Actes Sud. [récit]
Tati-Loutard, Jean-Baptiste (Congo), 1980, *Nouvelles chroniques congolaises*, Présence Africaine. [poésie]
Tati-Loutard, Jean-Baptiste (Congo), 1983, *Dialogue des plateaux*, Présence Africaine. [poésie]
Tati-Loutard, Jean-Baptiste (Congo), 1985, *La tradition du songe*, Présence Africaine. [poésie]
Tati-Loutard, Jean-Baptiste (Congo), 1992, *Le serpent austral*, Présence Africaine. [poésie]
Tidjani-Serpos, Noureini, 1996, *Aspects de la critique africaine*, Silex/Nouvelles du Sud.
Tsibinda, Marie-Léontine (Congo), 1980, *Mayombe*, Ed. Saint-Germain-des-prés. [poésie]
U Tamsi, Tchicaya (Congo), 1980, *La main sèche*. Robert Laffont. [nouvelles]
U Tamsi, Tchicaya (Congo), 1979, *Le destin glorieux du Maréchal Nnikon Nkiku, prince qu'on sort*, Présence Africaine. [théâtre]
U Tamsi, Tchicaya (Congo), 1980, *Les cancrelats*, Albin Michel. [roman]
U Tamsi, Tchicaya (Congo), 1982, *Les méduses ou les orties de mer*, Albin Michel. [roman]
U Tamsi, Tchicaya (Congo), 1984, *Les Phalènes*, Albin Michel. [roman]
U Tamsi, Tchicaya (Congo), 1987, *Ces fruits si doux de l'arbre à pain*, Seghers. [roman]
Volet, Jean-Marie, 1993, *La parole aux Africaines, ou l'idée du pouvoir chez les romancières d'expression française de l'Afrique sub-saharienne*, Rodopi.
Waberi, Abdourahmane (Djibouti), 1996, *Cahier nomade*, Le Serpent à Plumes. [nouvelles]
Waberi, Abdourahmane (Djibouti), 1997, *Balbala*, Le Serpent à Plumes. [roman]

Waberi, Abdourahmane (Djibouti), 2000, *Les nomades, mes frères, vont boire à la grande ourse*, Éditions Pierron. [poésie]
Waberi, Abdourahmane (Djibouti), 2000, *Moisson de crânes*. [récits]
Waters, Harold A., 1988, *Théâtre noir. Encyclopédie des pièces écrites en Français par des auteurs noirs*, Three Continents Press.
Yaou, Regina (Côte d'Ivoire), 1982, *Lezou Marie ou les écueils de la vie*, NEA-Abidjan.
Yaou, Regina (Côte d'Ivoire), 1995, *La révolte d'Affiba*, NEA-Abidjan. [jeunesse]
Yaou, Regina (Côte d'Ivoire), 1997, *Le prix de la révolte*, NEA-Abidjan.
Zinzou, Senouvo (Togo), 1987, *La tortue qui chante*, Hatier. [théâtre]
Zinzou, Senouvo (Togo), 1987, *On joue la camédie*, Haho de Knipscheer, Lomé. [théâtre]